문수 생각

문수생각 : 틀린 줄 알았는데 맞는 中

1판 1쇄 2025년 5월 7일

지은이 | 김재철, 강석무, 천황성, 율리

펴낸이 | 정원경
편집 | 이형우
진행 | 노영혜
디자인 | 정원경

펴낸곳 | 디자인PLP
등록 | 2021년 9월 27일 제2021-000113호
주소 | 서울특별시 종로구 삼일대로30길 6 아름다운빌딩 2층
전화 | 02-2263-6308 팩스 | 0505-116-6308
이메일 | jwk7073@naver.com 홈페이지 | www.designplp.com

정가 15,000원

ISBN 979-11-982877-2-4 (03340)

문수생각

틀린 줄 알았는데 맞는 中

김재철
강석무
천황성
율리

차례

들어가면서   11

1부. 못 가진 者의 편에 서다
고 3, 3선 개헌 반대에 서서   15
서울대 시절: 마르크스주의와 제적, 사상의 씨앗   20
마르크스와의 결별   26

2부. 밑바닥에서 길을 묻다
고단함에서 인생을 배우다   35
전태일이 옳았다   41
설난영을 만나다   44
제2의 박헌영, 신영복   55

3부. 의병의 후예
나의 선조는 의병장   67
장기표 선배에 반하다   70
이승만, 박정희의 길을 따라   74
민심이 곧 길이다   76

4부. 아까운 천재, 신영복

신영복은 공산주의자다   81
주사파가 죽어야 나라가 산다   86
신영복 사상과 한국 사회에 미친 영향에 대한 평가   96
김문수와 자유민주주의 수호   98
20년 앞을 내다 본 결단, GTX   102

5부. 김문수가 꿈꾸는 제2의 경제기적

기업이 다 외국으로 가면…?   111
딱 2년 걸린 TSMC 구마모토 공장   117
김문수 장관의 경제 해법: 현장을 아는 지도자   120
생산성이 높아야 더 주지   122

6부. With(같이), 청년이 간다

자영업자, 2년새 200만명 폐업   129
혁신 없이는 대기업도 죽는다   134
첨단 새마을 운동이 필요하다   138
연금 개혁, 청년을 살려라   145

7부. 공직자는 무한 헌신이 보람

뚜벅뚜벅 걸어가라   155
가짜 뉴스는 이제 그만!   165
'내가 가장 존경하는 사람은 김문수'   170

갈무리하며   173

✻ 묻고 답하는, 날 것 그대로의 분위기를 살리기 위해 구어체 표현을 받아 쓴다.
하여 어법에 어긋난 문장도 있음을 밝힌다.

묻고,
강석무(전 KBS PD, 현 (주)씨이엔티뷰브로드캐스팅 대표). 이하, 강 PD
천황성(배우). 이하, 천 배우
율리(드라마 작가). 이하, 안 작가

답하다
김재철(전 MBC 사장, 현 뮤지컬컴퍼니 A 대표). 이하, 김 대표

들어가면서

나는 김문수를 모른다.

아니다. 조금 더 솔직히 말하면 관심이 1도 없었다.

당의 이권, 개인의 영달을 챙기기 위해 마구잡이 들이대며 싸우는 대한민국의 정치판에 신물이 났다. 그때마다 대한민국 국민은 사리사욕에 눈 먼 자들에 의해 철저하게 외면 당했다.

그러하니 정치판을 구성하는 사람들 모두 저만 배불리는 이기주의자요, 칼 들지 않은 도적이라 생각하고 눈과 귀를 닫았다.

대한민국이 싫었고, 대한국민임이 부끄러웠다.

하지만 길 위에서, 때로는 급한 마음 이기지 못하고 차 안에서 묻고 답하는 시간을 지나면서 나의 나라, 우리나라 대한민국 생각에 다시 가슴이 뛴다.

사람 김문수, 정치인 김문수를 만나고,

'역시 지도자는 타고나는 거구나!' 절로 머리 끄덕이며 인정했다.

자신을 위한 욕심과 안녕을 취하기 보다 사회적 약자,

경제적 약자를 위해 한걸음씩 나아간 행적을 따르면서 지난 시간이 못내 아쉬웠다.

경기도민으로 살면서 도지사 김문수를, 3선 국회의원 김문수를 그저 그런 정치인이려니 치부하고 이제껏 무관심했다니!

다시, 대한국민임이 자랑스러워지려는 이즈음, 조금 더 확실한 국민의 한 사람이 되고자 대한민국 울타리 안에 나를 들인다.

드라마 작가
율리

1부

못 가진 者의 편에 서다

대구 경북고 3학년 4반 졸업(1970)

고 3, 3선 개헌 반대에 서서

강 PD 김문수 장관은 노동운동부터 정치까지, 참 굴곡 많은 인생을 살아온 분이잖아요. 고등학생 시절부터 이미 남달랐다고 들었습니다. 대구 경북고 재학중에 시위에 참여해서 정학까지 당했다니, 지금 생각해도 쉽지 않은 선택인데요. 당시 상황을 좀 더 설명해 주시겠습니까?

김 대표 네, 아주 좋은 질문이에요. 김문수 장관이 고등학생 때 정학을 당한 일은 잘 알려져 있죠. 그런데 자세하게는 모르시더라구요들. 1969년 3선 개헌 반대 시위에 나섰다가 그리 된 거에요. 이에 앞서 당시로서는 야당의 본거지였던 대구의 분위기를 알아야 할 필요가 있습니다.

이 분위기를 이해하려면 우리가 기억해야 할 날짜가 하나 있습니다. 바로 1960년 2월 28일입니다. 이 날은 '3·15 선거일'을 앞두고 대구에서 학생들이 불의에 맞서 봉기한 날이에요.

그 당시는 이승만 대통령이 자유당 후보, 부통령 후보는 이기붕이었고. 민주당에서는 조병옥 박사가 대통령 후보로 출마했죠. 그런데 조병옥 박사가 미국으로 수술을 받으러 갔다가 갑자기 세상을 떠났습니다. 그렇게 조병옥 박사가 돌아가시는 바람에 후보가 바뀌어요.

그게 누구냐? 장면 박사가 대통령 후보가 된 겁니다. 자유당 정부는 장면의 유세를 막기 위해 2월 28일, 일요일이었는데도 초중고학생들을 학교에 나오라고 지시를 내렸어요. 대구 교육청을 통해 학생들을 교실로 불러들인 거죠.

학생들도 바보가 아니니까 이걸 눈치 챘어요. 사발통문을 돌려보니 장면 후보 연설이 있는 거에요. '아, 장면 후보의 연설을 들으러 못 가게 하려는 거구나.' 이후 경북고 대표 이대우 학생을 중심으로 경북고, 대구고, 사대부고 등 대구의 8개 고등학교에서 약 1,200명의 학생들이 거리로 나왔습니다. 대구의 한복판인 동성로를 중심으로 시위를 벌였죠.

경찰은 무자비하게 진압했고, 많은 학생들이 체포되거나 구타를 당했습니다. 아주 역사적인 사건이에요. 대구 학생들이 진정한 용기를 보여준거죠. 물론 체포되거나 구타당한 학생도 많았어요. 하지만 그 시위는 대구 시민의 자부심이자 국가적으로도 인정받은 사건입니다. 올해 2월 28일에도 김문수 장관과 홍준표 대구 시장, 국가보훈처장관이 참석한 가운데 기념행사가 열렸습니다.

그리고 2·28 대구 학생운동은 고대 4·18 시위, 4·19 혁명으로 이어지는 도화선이 되었구요. 지금은 국가 기념일로 공식 지정되었습니다.

그 시절 대구는 지금의 광주·목포처럼 야당의 중심지, 즉 대한민국에서 가장 강력한 야도(野都)였어요. 1960년대, 70년대 선거를 보면 영남에서 김대중 표가 많이 나왔고, 호남에서도 박정희 표가 나올 만큼 이념보다는 정책과 인물이 중심이었던 시절이었어요. 지금처럼 진보·보수로 갈라져 정쟁하는 모습은 참 부끄럽고 안타깝죠.

강 PD 그러면 이어서 김문수 장관이 참가했다는 69년 3선 개헌 반대 시위 얘기도 좀 해주시죠.

김 대표 그때부터 9년이 지나, 대구시 대명동 로터리에서 '3선 개헌 반대한다'는 내용의 성명서를 학생들이 낭독하는데, 이게 바로 그 유명한 3선 개헌 반대 운동입니다. 당시 김문수는 경북고 3학년이었고, 이 3선 개헌 반대운동에 뛰어들어요. 대학 입시를 준비해야 되는데 성격상 그런 불의를 보면 못 참아요. 결국 무기정학 처분을 받았죠. 그때 같은 반이었던 친구로는 이용훈 전 서울대 교수가 있고요. 서울대 수학과에 진학해서 수학자로 이름을 높인 강영욱 박사도 있죠.

더 자세히 말하면, 먼저 문수 학생이 1학년 때 가입했던 '수양동우회'부터 짚어야 하는데, 도산 안창호 선생의 사상을 배우자는 대구 시내 남녀 고교 연합 동아리였죠. 김문수 장관의 안창호 선생 사랑이 그때부터 시작된 거네요. 방학이면 농촌 봉사, 평소엔 경북대 야간 세미나실에서 밤 10시가 넘도록 발제·토론을 했다고 해요. 그리고 그 친구들과 학생운동에 뛰어든 거죠.

안 작가 경북고라면, 서울대 진학률이 높아 대구에서도 명문으로 손꼽하는 학교라 알고 있습니다. 한창 입시에 매진해야 할 고3 학생이 무기정학을 당했다는 건 입시를 치러야 하는 상황, 또 성인으로서 첫걸음을 떼는 시점에서 치명적인 약점이 되지 않았을까요?

김 대표 그렇죠. 학생에게 무기정학은 자영업자가 파산선고를 당하는 거하고 똑같아요. 경북고에서는 서울대 경영학과, 경제학과, 법대 같은 상위 학과에 진학하는 학생들이 많았어요. 김문수 장관도 그런 우수한 학생 중 하나였습니다. 그런 상황에서 시위에 나섰다는 건 공부를 내려놓을 각오를 한 거죠. 징계를 받은 학생은 서너 명뿐이었지만 문수는 '요령' 대신 '완강함'을 택했고, 가장 먼저 명단에 올랐던 겁니다.

만약에 그때 퇴교됐다면 대학 시험도 못 봤죠. 부모님은 '무슨 천하를 구했냐'며 통곡하셨다더군요. 그런데도 문수 학생은 '옳은 일을 했을 뿐'이라면서 책가방을 멨답니다. 다행히 학교 측이 '성적 아까운 학생'이라며 한 달 만에 징계를 풀어 줬고, 결국 서울대 경영학과에 진학했어요. 운이 좋았다고 할 수 있고, 시대가 그를 살렸다고도 할 수 있어요.

천 배우 입시라는 중대한 시기를 포기하고, 3선 개헌 반대 운동에 나섰다는 것은 참 대단한 결단이네요. 사실상 첫 '시민불복종' 아닌가요?

김 대표 너무 세게 나가는 것 같은데요? 천 배우님. 하하하. 김문수 장관은 그때부터 이미 '올곧은 길'을 선택한 겁니다. 자신에게 불이익이 따를 걸 알면서도 옳다고 믿은 길을 택했던 거죠. 그 선택이 이후 노동 운동, 정치 활동 그리고 지금의 김문수 장관에게 이어진 일관된 신념입니다.

안 작가 어쩌면 그 순간부터 오늘날 김문수 장관의 한결같은 모습이 예견된 게 아닐까 싶습니다.

김 대표 네. 그 첫걸음이 지금까지 쭉 이어져 온 '올곧은 길'의 시작이라고 봅니다.

서울대 시절:
마르크스주의와 제적, 사상의 씨앗

천 배우 고등학교에선 무기정학까지 마다하지 않았는데, 서울대 경영학과 70학번으로 입학한 뒤에는 어땠습니까? '두 차례 제적'이라는 기록이 남아 있더군요. 도대체 무슨 일이 있었던 건가요?

김 대표 그 얘기하려면 우선 고향 이야기부터 짚고 넘어가야겠네요. 김문수 장관은 경북 영천시 임고면, 아주 시골 마을 출신이에요. 우리 강 PD님, 안 작가님과 함께 그 마을에 직접 다녀왔잖아요. 예전엔 100호 이상, 지금은 50호 남짓한 작은 농촌 마을이었죠. 운주산 자락, 수량 넉넉한 강, 그리고 경주 김씨 집성촌—그런 전통적 배경에서 태어난 사람입니다.

이런 곳에서 태어나 서울대 경영학과에 들어갔으니, 그야말로 '개천에서 용 난' 인물이라 할 수 있죠. 공부만 했다면 기업체 임원이 되었을 수도 있어요. 경영학과 졸업하고 좋은 회사 들어가서 출세하는 길 말입니다. 그런데 고등학교 때부터 보여준 기질이 워낙 강했어요. 정의롭지 못한 현실을 보면 그냥 넘기지 못하는 성격이었죠.

안 작가 그럼 서울대 경영학과 재학중에도 그 기질이 계속 이어졌다고 봐야할까요?

김 대표 먼저 1970년 3월, 신입생 환영회 날로 돌아가 봐야 합니다. 신입생 김문수 학생이 학생회관 복도에서 심재권 선배(훗날 3선 국회의원)가 '후진국사회연구회, 줄여서 '후사연'입니다!' 하고 호소하는 모습을 보고 그 자리에서 꽂혔어요. 친구들은 경제학회나 토론동아리를 기웃거렸는데, 그는 '가난한 나라를 어떻게 바꿀 것인가'라는 문구가 적힌 후사연 전단에 마음을 빼앗겼다고 해요.

후사연은 원래 문리대 중심 서클이었는데, 상대생인 문수가 누구보다 열심이자 금세 안병직 교수(당시 30대 초반)의 눈에 들었대요. 안 교수는 학생식당 구석 테이블에서 이런 얘기를 자주 했답니다.

"서울대 간 걸로는 세상이 안 바뀐다네. 마르크스와 엥겔스를 읽어봐야지."

그때부터 문수 학생은 밤마다 명륜동 대신 용두동 판잣집으로 돌아갔어요. 선배 셋과 공용 밥상 하나, 걸레 두른 다리미판으로 책상을 삼았대요. 칼바람이 들이치던 방에서 처음으로 '빈곤은 내 개인 탓이 아니다'라는 깨달음을 얻습니다. 가난에 대한 열등감이 사회의식으로 승화된 순간이었죠 그러니까 당시 서울대는 지금과 분위기가 많이 달랐어요. 특히 경영학과, 경제학과 교수들 중에 마르크스-레닌주의 사상에 심취한 분들이 많았습니다.

대표적인 인물이 아까 말씀드린 안병직 교수죠. 나중에는 뉴라이트 이론의 기초를 만든 분이기도 한데, 당시에는 마르크스주의에 심취한 경제학자였습니다. 지금으로 얘기하면 좌빨이었죠.

그분은 서울 출신보다도 가난하지만 똑똑한 시골 출신 제자들을 아꼈어요. 김문수 장관 같은 인물이죠. 밥도 같이 먹고, 끈끈했다고 해요.

1971년 여름방학, 후사연은 상대생 네 명을 뽑아 구로공단 미싱공장에 위장취업시켰습니다. 네 번째 명단에 '김문수'가 있었죠. 낮엔 재봉틀을 밟고, 밤엔 공단 골목 찻집에서 노동자들과 급식비·혈액검사 비용을 두고 토론했습니다.

그런데 9월 초 장티푸스에 걸려 쓰러져요. 제대로 치료도 못 받고 고향 영천으로 내려갔는데, 그사이 학교엔 위수령이 내려졌습니다. 후사연을 포함한 여러 서클이 강제 해산됐고, 전국에서 100여 명이 '소리 소문 없이' 제적되었죠. 문수 학생도 첫 번째 제적 통보를 우편으로 받았습니다.

안 작가 앓는 몸으로 치료도 받지 못하고 참담한 마음으로 고향에 돌아갔을 텐데… 학교에서 제적까지 당하고… 제적생 김문수는 고향에서 어떤 시간을 보냈을까요?

김 대표 처음엔 4-H 활동, 야학 교사 같은 걸로 버텼답니다. 하지만 '스물한 살짜리가 농촌에서 할 수 있는 일엔 한계가 있다'는 걸 곧 깨달았죠. 결국 제적 동기인 이영훈(현 서울대 경제학부 명예교수)과 함께 서울행 야간 완행열차를 탔습니다.

안병직 강사 댁 문을 두드렸더니, 스카치테이프로 덧댄 현관문 너머로 이런 말이 들리더랍니다.

"학벌이 인생을 결정짓지 않네. 노동현장에 뛰어드는 것, 그게 진짜 공부야."

안 교수는 '내가 자네라면 노동운동을 하겠네'라며 자동차 정비 기술을 익혀 보라 조언했어요. 문수 학생은 낮엔 신당동 정비공장에서 그리스 범벅이 되고, 밤엔 안 교수와 주 1회씩 만나 마르크스·마오쩌둥 독회를 이어 갔어요.

1973년 봄, 유신체제가 '젊은이 달래기' 카드로 복교 조치를 발표하면서 그도 서울대에 다시 적을 두게 됩니다. 어머니와 큰형이 소를 팔아 등록금을 들고 상경하셨다지요.

하지만 복학 후에도 그 유명한 유인태(훗날 3선 국회의원) 선배와 지방대 연결 조직을 만들며 돌아다녔고, 1974년 '민권쟁취·민주승리의 해'를 맞아 전국 성토대회 준비에 깊숙이 관여했습니다.

안 교수가 다시 충고하죠.

"학생운동은 부르주아의 울타리야. 네가 진짜 세상을

바꾸려면 노동운동을 해야지."

결국 그는 같은 해 봄, 두 번째 제적을 통보받습니다. 본격적으로 '학교 밖 인생'이 시작된 셈이었죠.

강 PD 두 번이나 제적되면 슬럼프가 올 법도 한데, 오히려 더 단단해졌군요.

김 대표 맞습니다. 문수 학생은 '나는 가진 자가 아닌 못 가진 자 편에 서겠다'는 약속을 스스로에게 새겼어요. 곧장 한일도루코로 들어가 노조를 만들고, 이후 서노련·전노협으로 이어지는 노동운동의 선봉에 섭니다. 모든 것은 후사연 등사판에서 번지던 잉크 냄새로 시작된 셈이죠.

안 작가 그럼 김문수 장관도 사회주의 사상에 영향을 많이 받은 거네요.

김 대표 물론입니다. 그 시대엔 북한이 더 잘산다고 믿는 사람이 많았어요. 북한은 지하자원도 풍부하고, 일본이 지어놓은 산업 기반도 있었고, 실제로 GNP가 남한의 2배였습니다. 한국은 6·25 이후 폐허 그 자체였죠. 봄이 되면 아카시아 꽃잎을 따다 먹을 정도로 가난했습니다. 김문수 장관도 그런 시대를 살았어요. 자연스럽게 '평등한 사회', '노동자의 나라' 같은 이상에 매료될 수밖에 없지 않겠습니까.

순수한 청년이었고. 그러니 어쨌든 지식인들이 당시나 그 전 훨씬 이전부터도 쉽게 공산주의에 이념화 되구요. 당시 정세나 나라 형편이 그러니 그런 쪽으로 세상을 바라볼 수밖에 없는, 그렇게도 또 이해는 되잖아요.

　순수했고, 정의로운 사회를 꿈꾸던 사람이었습니다. 그래서 마르크스주의를 단지 학문이 아니라 '실천해야 할 사명'처럼 받아들였죠. 수업보다 학생운동에 집중했고, 결국 학생 김문수는 학교에서 쫓겨나게 됩니다.

　안 작가 그렇다면 그 즈음이 학생운동가에서 노동운동가로 전향하는 시기였겠네요?

　김 대표 그렇죠. 집안 사정도 넉넉하지 않았고, 퇴교 상태에서 갈 곳도 마땅치 않았어요. 하지만 그 와중에도 김문수 장관은 '나는 가진 자가 아니라, 못 가진 자의 편에 서겠다'는 신념은 결코 버리지 않았습니다. 그 신념이 바로 노동운동의 길로 그를 이끈 겁니다.

마르크스와의 결별

안 작가 지금도 많은 이들이 김문수 장관을 가리켜 '변절자다, 배신자다' 정말 무자비하게 헐뜯습니다. 그런 평가에 대해서는 어떻게 생각하시는지…

김 대표 그거요? 아까도 말했지만 그 시대를 살았던 사람이라면 충분히 공감할 수 있는 변화였다고 생각해요. 참 안타까운 이야기예요. 사실 김문수 장관 본인도 그렇게 말합니다.

"나는 변절한 게 아니라, 잘못된 믿음에서 돌아선 것이다."

그게 본인의 신념이에요. 단순히 바람 따라 움직인 게 아니라, 진짜로 고민하고, 공부하고, 깨달아서 돌아선 겁니다.

강 PD 계기는 있었나요? 그렇게 결심하게 된?

김 대표 있었죠. 결정적인 계기는 동구권 몰락입니다. 90년 들어 소련이 붕괴하고, 동독·체코·루마니아 등 사회주의 국가들이 줄줄이 무너졌잖아요. 그때 김문수 장관이 말해요.

"내가 꿈꾼 세상이 이렇게 허무하게 무너지는 걸 보고, 나 자신을 부정하게 됐다."

게다가 고르바초프의 개혁, 페레스트로이카(개혁)나 글라스노스트(개방) 같은 걸 보면서도 한계를 느꼈던 거죠.

천 배우 안병직 교수님도 그 시기에 전향하지 않으셨나요?

김 대표 맞습니다. 사실 그 결심이 순간적인 변덕이 아니었다는 걸 설명하려면 먼저 안병직 교수와의 두 번째 만남부터 짚어야 합니다.

안 교수는 1984년 도쿄대로 건너간 뒤 2년여 동안 러시아·북한·중국 연구자를 두루 만났습니다. '사회주의엔 전망이 없다'는 확신을 얻고 귀국하자마자 '한국 자본주의는 중진(中進) 단계로 도약해야한다'는 논문을 발표하고, 이른바 '중진 자본주의론'을 제창했죠. 그 과정에서 자신이 사회주의로 이끌었던 제자들에게 '내가 죄인'이라며 사상 전환 사실을 고백합니다.

가장 먼저 불러들인 제자가 바로 김문수였습니다. 안 교수 댁 응접실—벽엔 아직도 마오쩌둥 전집과 마르크스 선집이 꽂혀 있었겠지요, 하지만 안 교수는 이렇게 말했죠.

"문수야, 한국 자본주의는 보통이 아니다. 사회주의는 이미 역사적 미래가 없어.

노동자들도 투쟁만으로는 삶을 바꾸지 못한다. 정치와 시장을 이용할 '새 길'을 찾아야 한다."

이를 듣고 말없이 고개를 끄덕이다 '알겠습니다' 답하고 나왔다는 일화가 있습니다. 사실은 아주 기분 나쁜 표정으로 나왔다고 해요.

이렇게 안병직 교수님이 전향하면서 김문수 장관에게도 큰 영향을 줬어요. 안 교수는 김문수 장관이 존경하던 스승이었는데, 마르크스주의를 철저히 연구하던 분이 어느 순간 이렇게 말했어요.

"우리가 믿은 마르크스주의는 인간을 위한 게 아니었구나."

그걸 인정하는 게 얼마나 어려운 일인지 상상해봅시다. 자기가 몇십 년간 몸으로 부딪히며 믿어왔던 신념을 스스로 부정해야 했던 순간이니까요. 게다가 그 선택을 하면 '배신자'라는 낙인이 따라오잖아요.

안 작가 이후의 길도 절대 순탄하지 않았을 것 같습니다. 신념에서 비롯된 전향을 두고 '배신자'라고 비난하는 시선을 견디는 것 자체가 쉽지 않았으리라 충분히 짐작 되거든요.

김 대표 그렇죠. '진보에서 보수로 간 사람'이라는 프레임은 한 번 씌워지면 절대 안 벗겨지거든요.

하지만 김문수 장관은 권력 때문에 간 게 아니니까. 오히려 더 힘든 길, 더 외로운 길을 자청한 거예요. 그리고 이런 말도 했습니다.

"나는 여전히 약자의 편에 서 있다. 단지 그 방식이 바뀌었을 뿐이다."

강 PD 결국 중요한 건 '철학의 일관성?'이라는 생각이 드네요.

김 대표 맞습니다. 김문수 장관이 저한테도 자주 말했어요. "진짜 보수는 국민을 섬기고, 약자를 위해 일하는 것이다. 그게 다산 정약용이 말한 공직자의 자세고, 그걸 내 삶에서 실천하고 싶었다."

이게 그의 변함없는 철학입니다. 김문수 장관은 신념에 충실했을 뿐인거죠. 오히려 좌파든 우파든, 신념 없이 왔다갔다 하는 사람들이 문제다. 저는 이렇게 생각합니다.

김문수 장관은 단 한 번도 이익을 좇아 사상을 바꾼 적이 없습니다. 그 철학이 변한 적도 없습니다. 마르크스를 믿을 땐 노동자를 위해 몸을 던졌고, 자유민주주의를 믿게 된 뒤엔 제도를 통해 약자를 보호하려 애썼고, 경사노위 위원장을 거쳐 고용노동부 장관이 된 이후에도 약자에 대한 실질적인 지원책을 만들어냈습니다.

신념이 바뀐 게 아니라 도구가 바뀐 것―그게 김문수 장관의 길입니다.

천 배우 오늘날 우리 정치 현실을 보면, 김문수 장관처럼 강직한 길을 가는 것이 과연 가능할까 하는 걱정도 듭니다. 김 장관이 앞으로도 흔들림 없이 그 길을 갈 수 있다고 보십니까?

김 대표 김문수 장관은 지금도 변함없이 '자기 길'을 가겠다는 확고한 결심을 갖고 있는게 보여요. 역사 인식이 진짜 확고하거든요. 늘 강조하는 것이 '역사는 결국 진실을 증명한다'는 신념입니다.

제가 개인적으로 김문수 장관을 14~15년째 지켜본 입장에서 말씀드리자면, 그 길은 단순한 고집이 아닙니다. 태종 이방원이 고려의 충신 정몽주를 넘어서 조선을 세웠던 결단, 또 이승만 대통령이 조선 왕통, 그러니까 고종 후손임에도 왕정 복귀를 거부하고 독립운동에 나섰던 용기, 그리고 박정희 대통령이 경부고속도로 건설을 반대하는 김영삼과 김대중이라는 두 거두를 뚫고 밀어붙였던 결단. 김문수 장관은 그런 역사적 인물들을 깊이 연구하고 존경해온 사람입니다.

강 PD 결국 지도자는 대중의 인기에 휘둘리지 않고, 자신이 옳다고 믿는 길을 걸어야 한다는 말씀으로 들리네요.

김 대표 제 개인적인 철학일수도 있겠지만 정확히 그렇습니다. 그래서 김문수 장관 생각이 자꾸 나는 건지도 모르겠어요. 그 사람은 지금 상황이 어렵다고 해서 절대 길을 바꾸는 사람이 아닙니다.

'국가를 위한 올곧은 길'이라는 분명한 목표가 엿보여요. 물론 그 길이 고독하고 험난할 수밖에 없겠지만, 그걸 두려워할 사람이 아닙니다. 제가 야당에도 오래 출입했는데, 김대중 대통령의 '행동하지 않는 양심은 악의 편이다' 이 말에 배운 게 많습니다.

천 배우 하지만 현실 정치에서는 타협이나 유연성도 필요한데요. 김문수 장관은 그 부분에서는 어떨지요?

김 대표 김문수 장관은 강직함 속에서도 인간적인 따뜻함과 유연성을 갖고 있습니다. 특히 약자에 대한 배려, 사회적 약자들을 향한 마음은 변함이 없습니다. 대단해요. 청계천 판자촌에서 함께 생활하며 노동자의 아픔을 몸으로 겪었고, 경기도지사 시절에는 탈북자, 나환자촌, 소외 계층을 직접 찾아가 손을 잡았습니다.

저는 개인적으로 김문수 장관의 이런 삶을 보면서 '강직함'과 '따뜻함'을 함께 지닌, 드문 인물이라는 확신을 갖게 됐습니다.

안 작가 결국 김문수 장관은 고집만 내세우는 독단적인 지도자가 아니라, 원칙은 지키되 국민과 소통할 줄 아는 융통성을 가진 지도자라는 말씀이군요.

김 대표 바로 그거에요. 이 시대가 요구하는 균형 잡힌 지도자라고 저는 믿습니다.

2부

밑바닥에서
길을 묻다

금속노조 청년부장과 여성부장으로 만난 김문수와 설난영

고단함에서 인생을 배우다

강 PD 너무 건너뛴 느낌이네요. 다시 사람 사는 얘기로 돌아가볼까요? 서울대에서 두 번 제적당하고 나면 사실 인생의 앞길이 꽤 막막했을 텐데요. 어떻게 그다음 어떤 길을 찾아가게 된 건가요?

김 대표 그렇죠. 학교에서 쫓겨났는데 집안도 넉넉지 않지. 어디 기댈 데가 없는 상황이었으니까요. 근데 김문수 장관은 오히려 그런 상황에서도 '가진 자가 아니라, 못 가진 자 편에 서겠다'는 생각을 꺾지 않았나봐요. 위장취업을 해요. 어머니 장례를 막 치른 스물다섯 살 청년 김문수가 큰 가방 하나 들고 청계천으로 갔어요. 신평화복장학원에서 재단 기술을 배우며 동문시장 재단보조로 취직했는데, 월급이 고작 1만 원이었습니다.

그때 서울대 선배 임무현(훗날 대주전자재료 대표)씨를 우연히 만납니다. 임무현씨가 이렇게 말했대요.

"문수야, 산업사회가 폭발적으로 커질 거다. 기술을 쥐어야 노동운동도 제대로 할 수 있어."

그 한마디에 불이 붙어, 2년 동안 산소용접·전기용접·프레스·절삭기 등 자격증을 7개나 땄습니다. 퇴근 뒤 시험장으로 달려가고, 새벽엔 또 현장으로 나가는 생활이었죠. 당시에는요, 기술만 있으면 돈을 꽤 벌 수 있던 시대였어요. 청계천에서 일할 때보다 5배나 더 받았다고 하더라고요.

천 배우 위장취업이라는 게 말은 쉬워도, 그걸 행동으로 옮긴다는 건 정말 어려운 일 아닌가요?

김 대표 그렇습니다. 그게 청년 김문수의 대단한 점이죠. 서울대를 제적당한 후, 청계천 봉제공장에서 재봉틀 보조로 일하며 사상 공부를 병행하던 그가, 이번엔 아예 대기업 노동 현장에 뛰어들었어요.

스물일곱 살, 한일도루코에 월급 5만 원짜리 보일러 조수로 들어갔습니다. 그 회사 직원이 1,500명이 넘는 규모였는데, 그 안에서 아주 조용히 자리 잡아가던 중이었죠.

안 작가 당시… 그 정도라면 꽤 큰 회사 아닌가요? 거기서 어떤 계기로 노조 활동에 참여하게 된걸까요?

김 대표 처음엔 그냥 일만 열심히 했습니다. 그런데 어느 날 노조 핵심들이 조용히 김문수 후보를 찾아왔어요. 회사의 탄압 때문에 노조가 거의 해체되다시피 했는데, 그걸 다시 살려보겠다는 거예요.

그 사람들은 김문수가 '보일러 조수인데 말 잘하고, 눈빛이 다르다'는 걸 알아봤던 거죠. 그때 김문수가 뭐라고 했는지 아세요?

천 배우 뭐라고 했죠?

김 대표 '이 큰 회사에서 노조가 유명무실하다는 게 늘 마음에 걸렸습니다. 제대로 해보고 싶은데, 저에게 일을 맡겨주시면 좋겠습니다.' 그 말에 노조 핵심 인사들이 놀랐어요. 원래는 교육선전부장 정도로 도우라 할 작정이었는데, 김 장관은 이미 노조위원장으로 마음을 굳힌 상태였던 거죠.

안 작가 시작부터 확고한 의지를 품고 있었네요. 근데… 당시만해도 노조 활동 자체가 너무 위험해서 몸을 사리는 사람들이 더 많지 않았나요?

김 대표 정말 위험했죠. 노조가 재결성되자마자 회사는 일감을 외주로 빼돌려 버렸어요.

일자리를 줄여 조합원들을 자르겠다는 거였죠. 실제로 해고도 많이 하고. 그런데 더 큰 문제는 내부였습니다. 조합원들조차도 '노조에 가담했다가 잘리는 거 아니냐'며 머뭇거렸고, 회사는 '지금이라도 그만두면 눈감아주겠다'며 회유와 협박을 계속했죠. 그 와중에 노조 지도부는 사측에 휘둘려 아무것도 못 하고 있었어요. 그때 김문수 후보가 나섭니다.

강 PD 그때가 사실상 노동운동의 리더로 나선 순간이었겠네요.

김 대표 김문수가 노조위원장에게 '당신 어깨에 1,500명의 생계가 달려있습니다. 이렇게 끌려다니면 안 됩니다.' 직접 면박을 주듯 얘기했다죠. 그러고는 말합니다.

"자신 없으면 그만두십시오."

결국 위원장이 물러나고, 김문수가 노조위원장 직무대리를 맡게 됩니다.

천 배우 20대 청년이 그런 상황에서 리더가 된다는 게⋯ 쉽지 않았을 텐데요.

김 대표 그런데 현장 노동자들은 이미 믿고 있었어요. 말은 사투리인데 약속은 칼같이 지키고, 말 잘하고, 사람들을 끌 줄 아니까―'이 사람이라면 바꿔줄 수 있겠다'는 기대가 있었던 거죠.

김문수가 가장 먼저 손댄 게 월급 문제였습니다. 당시엔 월급이 매달 안 나왔어요. '돈 생기면 주고, 없으면 안 준다'는 게 회사 방침이었어요. 그래서 김문수가 노동부에도 진정 넣고, 회사에도 수차례 요청했지만 소용없었죠.

결국 정면 승부수를 던졌습니다.

안 작가 정면 승부.. 와⋯ 과연 어떤 승부수였을까? 정말 궁금합니다.

김 대표 월급을 안 주면, 우리도 일 안 한다.' 총파업 선언이었어요.

그땐 상상도 못 할 일이었죠. 회사도 깜짝 놀라 당황했고, 결국 김문수와 협상에 들어갔습니다.

그 후로 한일공업은 월급이 밀린 적이 없습니다.

이게 끝이 아닙니다. 노조 사무실 구조부터 바꿨어요. 현장 노동자들이 오기 불편했던 가죽 소파 싹 치우고, '언제든 찾아오세요' 하며 문을 활짝 열었습니다. 그 노조는 진짜 노동자의 공간이 된 거죠.

천 배우 완전히 분위기 자체를 바꿔버렸군요.

김 대표 그 후로는 외상도 사라졌어요. 한일도루코 주변 식당 사장님들도 김문수 이름을 알았어요.

'이 사람 덕에 월급 나와서 장사된다.' 이런 얘기를 할 정도였어요. 앞으로 자영업자들에게 좋은 세상이 올 겁니다. 제가 확신합니다. 노조 활동이 활발해지면서 회사와의 충돌도 커졌죠. 해고자도 백 명 가까이 나왔고, 김문수는 회사의 눈엣가시가 됐지만, 그는 끝까지 원칙을 지켰습니다.

강 PD 현장을 바꾸는 데 가장 앞장섰던 사람이었네요. 단지 '운동가'가 아니라, 진짜 노동자의 편에 있었던.

김 대표 그게 김문수의 핵심이에요. 그는 이론을 실천으로 옮기는 사람, 그리고 그 실천을 끝까지 책임지는 사람이었습니다. 참으로 오늘날의 지식인들이 본받아야 할 일입니다.

안 작가 그럼 이후에도 쭉 노동운동가로 활동하신 건가요?

김 대표 '나는 삼성이나 현대 같은 데 절대 안 간다'고 공언했어요. '나는 가진 자가 되기 위해 운동한 게 아니다' 이 말이 지금도 기억나요. 그렇게 노동 현장에서, 거리에서, 공장 안에서 끊임없이 싸웠습니다. 그리고 결국 입학 후 24년 만에 서울대 졸업장을 받게 돼요.

정말이지… 그건 하나의 상징이죠. 한국 노동운동사의 한 페이지를 장식한 인물이 됐으니까요.

안 작가 심상정 의원도 김문수 장관을 노동운동계의 '레전드, 전설'이다. 또 '황태자', '하늘 같은 선배'라고 언급했다던대요?.

김 대표 그렇습니다. 심상정 의원이 직접 그래요.

"문수 선배는 우리 노동계의 전설이다."

이 말 한마디가 김문수 장관의 존재감을 보여주는 거죠.

전태일이 옳았다

안 작가 머뭇거리지 않는 행동이 쌓이면서 큰 자리에서 더 두드러지는 것 같아요. 김문수 후보가 전태일 기념사업회에 참여하게 된 것도 그런 흐름 중 하나였겠죠?

김 대표 그 시절 김문수 후보는 이미 노동자들 사이에서 '말뿐이 아닌 사람', '믿을 수 있는 사람'으로 알려지고 있었어요. 실제로 평화시장 등 청계천 봉제공장 일대에서 노동자들에게 근로기준법 등을 가르쳐주고 있었거든요. 그러던 와중에 1970년에 분신한 전태일 열사를 기리는 움직임이 전국적으로 일어나게 됩니다.

강 PD 그게 바로 전태일 기념사업회였죠?

김 대표 당시 기념사업회 초대 회장은 문익환 목사님, 아주 상징적인 분이죠.

하지만 실질적으로 사업회를 이끌어간 사람은 따로 있었습니다. 바로 사무국장 김문수였어요. 말하자면, 문익환 목사는 상징이고, 김문수는 실무의 핵심이었죠.

천 배우 정말 놀랍네요. 한쪽에선 회사와 싸우고, 다른 쪽에선 사회운동의 중심에서 기념사업을 꾸려가고 있었다니요.

김 대표 김문수는 현장 활동과 이념을 연결하는 데에 뛰어난 사람이었습니다. 기념사업회에서도 단순한 '추모'가 아니라, 전태일의 정신을 오늘의 현실에서 어떻게 실천할 것인가에 집중했어요.

그가 직접 발로 뛰며 열사의 어머니 이소선 여사를 모시고 다녔고, 당시 열악했던 봉제노동 현장과 청계천 공장을 다시 찾기도 했습니다.

한 마디로, '말이 아니라, 다시 한 번 몸으로 실천하자'는 각오였던 거죠. 이번 대선에 출마하면서 처음으로 찾아간 곳도 전태일 기념관 아닙니까. 약자를 위해서 자신의 인생을 다하겠다는 각오를 보여준 것입니다. 저는 이 장면을 보고 가슴이 뭉클했습니다.

안 작가 사실 저는, 그 시절은 '전태일'이라는 이름을 꺼내는 것만으로도 위태로운 분위기였다고 들었어요.

김 대표 독재정권 아래에서 전태일을 기리는 일은 곧 체제에 대한 저항으로 여겨졌습니다. 그런데도 김문수는 굴하지 않고, 기념사업회를 통해 전태일 정신을 계속해서 되살려냈어요.

그리고 그 활동을 통해 전국의 노동운동가들과 자연스럽게 연결되기 시작합니다. 이때부터 김문수는 단지 한 회사의 분회장이 아니라, 전국적 노동운동 지도자 반열에 오르기 시작한 거죠.

천 배우 말하자면, 이때가 '현장에서 전국으로' 도약하는 전환점이었겠네요.

김 대표 정확히 그 시점입니다. 그리고 이때 쌓은 실천의 힘이 훗날 경기도지사 김문수, 국회의원 김문수, 그리고 자유민주주의자로서의 김문수로 이어지는 밑바탕이 된 거예요.

설난영을 만나다

천 배우 김문수 장관의 인생에서 노동운동이 큰 의미를 갖는 건 알겠는데요. 사적인 삶, 예컨대 배우자와의 인연도 이 시기에 있었던 걸로 알고 있어요.

김 대표 그렇죠. 사실 김문수 장관의 인생에서 가장 운명적인 만남 중 하나를 꼽으라면 설난영 여사를 만난 일이에요. 두 사람의 인연은 노동운동 현장에서 시작됐습니다. 설 여사는 전라남도 고흥 출신입니다. 소록도가 있는 곳이죠. 초중고를 모두 순천에서 다녔습니다. 서울에 올라와서 대학 입시를 두세 번쯤 떨어졌다고 해요. 낙담해서 낙향할 법도 한데 꿋꿋하게 구로공단에 있는 '세진전자'에 취직해서 노조 활동을 시작합니다. 거기서 노조위원장을 맡았고, 현장에서 열심히 싸우면서 특히 영등포역 근처에 있던 금속노조 지부에서 청년부장과 여성부장으로 지내면서 급속히 가까워졌다고 합니다.

안 작가 그러니까 첫만남을 노동운동 동지로 만나게 된 거군요?

김 대표 맞아요. 서로 비슷한 신념과 열정을 가지고 있었던 거죠. 현장에서 함께 부대끼다 보니 자연스럽게 가까워졌고, 결국 결혼에 이르게 됩니다. 두 분 다 노동자들의 권리를 지키겠다는 확고한 신념을 가진 분들이라 마음이 통했던 것 같아요. 김문수 장관에게 있어서 노동운동이 단순한 정치적 경로가 아니라, 인생의 반려자까지 만나게 해준 길이기도 한 셈이죠.

강 PD 그렇게 만나 결혼하신 뒤에는, 가정에서도 그 열정이 이어졌을 것 같아요. 정치인이 되면 삶의 방향도 달라지는데, 김문수 장관은 어땠나요?

김 대표 김문수 장관은 정말 청렴하고 강직한 사람입니다. 한마디로 말해서, 돈이나 권력에 별로 관심이 없는 사람이에요. 국회의원을 세 번, 경기도지사를 두 번이나 했어요.

20년 넘게 그 자리들을 맡았는데 지금도 서울 관악구 봉천동의 작은 아파트에 살고 있어요. 보통 그 정도 경력이면 집이 두 채는 있어야 한다고 생각들 하잖아요? 그런 게 전혀 없습니다. 아주 단출한 삶을 살아요.

천 배우 정치인으로서 그렇게 산다는 게 쉬운 일이 아닌데.

김 대표 맞아요. 설난영 여사의 내조 덕이 큽니다.

설 여사는 굉장히 따뜻하고 곧은 사람이에요. 본인도 노조위원장을 했고 하니 삶의 중심이 분명하죠. 김 장관이 노조 활동에 전념하느라 가정생활을 제대로 꾸려나갈수가 없었죠. 그래서 설 여사가 빵가게도 하고 서울대 근처에서

서점도 운영했는데 책값이 없어서 운동권 출신 출판사 사장들에게 책을 빌려와서 팔고 돈이 마련되면 값을 지불했다고 해요.

딸이 하나 있는데요, 그 딸도 사회복지사로 일하고 있습니다. 이게 또 김문수 장관 집안의 성향을 보여주는 대표적인 상황황이에요. '우리 아빠처럼 어려운 사람들을 돕는 사람이 되겠다.' 그런 생각을 가지고 사회복지 분야로 간 거죠. 문재인 전 대통령의 딸 다혜씨하고는 아주 비교가 되죠.

안 작가 정치라는 게 아무래도 타협과 유혹이 많은 길인데, 가족 모두가 김문수 장관의 신념을 존중하며 누가 되지 않도록 살아간다는 게 정말 인상적입니다.

김 대표 그렇죠. 김문수 장관이 공직에 있으면서 항상 강조했던 말이 있어요.

"공무원은 위를 섬기는 자리가 아니라, 아래를 위한 자리다."

다산 정약용 선생을 존경하면서, 그 사상을 실제로 실천한 사람이에요. 자기 입으로 그런 얘기를 막 자랑스럽게 하는 스타일은 아니지만, 주변에서 보면 다 느껴져요.

아까 말했듯이, 집도 작고 단출하고, 딸도 명예보다는 봉사를 선택한 삶을 살고 있고, 설 여사도 조용히 뚝심 있게 내조하고 있고요. 김문수 장관은 늘 공직자는 가장 힘없는 사람의 편에 서야 한다, 민원인을 위해 무한 책임을 져야 한다고 강조해 왔어요. 그래서 일반 사람들이 보기에는 재미가 없는 사람이죠. 김 장관 가까이 있는 열아홉 출판사 함초롬 대표도 '장관님은 진짜 재미없어요.' 말하곤 해요.

그 철학이 그냥 말이 아니라, 삶 전체에 녹아 있는 원칙입니다. 저는 그 점이 참 인상 깊었습니다.

안 작가 김문수 장관의 정치적 행보나 공직 생활에 대해선 어느 정도 알려져 있지만, 오늘은 조금 더 인간적인 부분, 특히 설난영 여사와의 만남과 결혼 이후의 삶에 대해 듣고 싶습니다. 사실… 생각만으로도 굉장히 흥미롭고 설레거든요.

김 대표 안작가님도 역시 여자군요. 김문수 장관은 그 누구보다 치열하게 인생을 살아온 사람이에요. 그냥 보통 정치인들은 정치인이니까 그렇게 하는 거예요. 근데 실제로 낮은 자세로 다가가고. 그러니까 또 노동자들을 위해서 산다고 노동 운동을 7년씩이나 미싱사부터, 미싱사 보조부터 시작했잖아요. 나 같은 사람이 반성을 하게 돼요. 학생운동으로 시작해 감옥을 다녀오고, 노동운동을 하며 바닥부터 살아온 진퉁이죠. 그런데 그 모든 여정을 가능하게 만든 인물이 바로 설난영 여사에요. 그래서인지 김 장관은 요즘도 모임에서 설 여사를 항상 깍듯이 소개합니다.

천 배우 설여사 이야기는 그동안 언론에 많이 나오지 않았잖아요?

김 대표 그렇죠. 설여사는 검손하고 조용한 사람이지만, 저는 개인적으로 육영수 여사와 이희호 여사 이후 가장 품격 있는 영부인이 될 수 있는 인물이라 생각합니다. 난 김대중 선생 캠프에서 민주당 출입기자 생활을 오래 했으니까 그분들의 성향을 알수 있어요. 나도 설난영 여사를 직접 본 건 세 번 정도에 불과해요. 하지만 식사를 같이 하면서 정말 대단한 사람이다 느꼈어요.

실제로 김문수 장관이 수배 중일 때, 설 여사가 가족과 함께 운영하던 마포의 작은 빵집 다락방에서 숨겨주시기도 했어요. 밥을 해 주고, 그 좁은 공간에서 피신을 도왔죠. 말 그대로 생명을 함께 걸고 살아낸 동지입니다. 여기서 사랑이 싹튼 거죠.

천 배우 아이도 탁아소에 맡겨야 할 정도로 힘들었다고 들었습니다. 요즘같아서는 상상도 못하죠.

김 대표 맞습니다. 딸 김동주 씨는 세 살 무렵부터 일곱 살 무렵까지 탁아소에 맡겨졌습니다. 노동운동을 하는 여성 동지들이 운영하는 곳이었어요. 화요일에 맡기고 토요일에 찾아오는 생활. 당시 설 여사도 노동운동에 적극 참여했기 때문에 어쩔 수 없는 선택이지 않았을까 싶어요.

강 PD 그럼 그 시절에도 두 분은 노동운동의 최전선에 계셨던 거군요.

김 대표 그렇습니다. 김문수 장관은 청계천 피복노조에서 일했습니다. 하루종일 재봉틀 보조로 일하고, 이름 대신 "김씨", "박씨"하고 불리는 열악한 환경 속에. 인간 대접을 받을 수 없는 그런 곳에서 일하며, 전태일 열사의 길을 직접 체험한 셈입니다. 김문수 장관이 가장 존경했던 이소선 여사도 그런 환경을 잘 아셨기 때문에 김문수 장관를 친아들처럼 생각하고 끝까지 지지하는 거죠.

안 작가 듣는 것만으로도 고된 그 길을 계속 걸어가게 한 또다른 힘은 무엇이었을까요?

김 대표 결국 사상과 신념이죠. 당시 서울대 경제학과 안병직 교수의 영향을 받아 막스-레닌주의를 받아들였고, 시골 출신으로 사회주의 사상에 빨갛게 물든 거죠.

하지만 현실은 달랐습니다. 청계천 현장에서 직접 체험하고 나니, '여긴 아니다' 싶었던 거예요. 너무나 열악하고 비인간적인 현실을 목격하면서, 결국 청계천을 떠나 다른 길을 모색하게 됩니다.

강 PD 결혼 이야기도 아주 인상 깊었습니다. 수배 중 결혼을 결심했다는 건, 정말 영화 같은 이야기 아닙니까?

김 대표 맞습니다. 결혼식도 봉천동 교회에서 아주 검소하게 치렀어요. 당시 형사들이 시위로 번질까 봐 경찰차를 다섯 대나 배치했다고 하니 얼마나 주목받는 인물이었는지 알 수 있죠. 그런데 정작 설 여사님은 결혼에 관심도 없다고 했다지요. 그저 투쟁이 중요하다고. 그런데 결국은 김문수 장관의 진심에 마음을 열어낸거죠.

안 작가 설 여사님도 노동운동계에서 손에 꼽히는 중심인물이었다고 들었습니다.

김 대표 그렇습니다. 세진전자 노조에서 여성부장을 지내며 15일간 철야 농성도 하고, 김문수 장관과는 영등포 금속노조 사무실에서 처음 만나 청년부장과 여성부장으로 함께 활동했고… 당시 김문수 장관은 월급의 다섯 배를 받는 기술직이었지만, 돈이 생기면 자기를 위해서가 아니라 껌이나 풀빵을 사서 동지들에게 나눠주는 데 다 썼죠. 그 따뜻함이 결국 설 여사의 마음을 움직인 겁니다.

안 작가 결혼 즈음의 상황을 생각하면… 아니 어느 부모가 직업도 없는 청년한테 딸을 주려고 하겠어요? 그렇게 생각하면 결혼을 허락받는 과정조차 쉽지 않았을 것 같은데, 그 이야기도 들려주실 수 있을까요?

김 대표 설난영 여사가 소록도가 있는 전남 고흥에서 태어나 네 살 무렵 순천으로 옮겨 국민학교, 중학교, 고등학교를 다녔습니다. 김문수 장관이 직접 고흥으로 내려가 부모님을 찾아뵙고 결혼을 허락받으려 했죠.

부모님께서 '자네는 직업도 없고 가진 것도 없는데, 어떻게 우리 딸을 먹여 살리겠느냐' 물으니, 김문수 장관은 이렇게 답했습니다.

"저는 만인을 먹여 살릴 사람입니다. 만인을 위해 일할 사람인데, 제 아내 하나 못 먹여 살리겠습니까?"

부모님은 눈빛과 기개를 보고, '보통 인물은 아니겠구나' 느끼셨다고 합니다. 다만, 김문수 장관 집안 쪽에서는 영남과 호남 사이의 지역 감정을 생각해서 반대하는 목소리가 있었다고 들었습니다.

강 PD 결국 집안 내력까지 알고 받아들인 거군요.

김 대표 그렇습니다. 김문수 장관 집안은 임진왜란 때 순국한 의병장 김연 선생 집안이죠. 이후 경주성 탈환, 국채보상운동을 이끌었던 할아버지까지 이어지는 경주 김씨 명문가죠.

어릴 적에는 어려운 사정 속에서 영천에서 학교를 다녔지만, 선조들의 정신을 이어받은 사람이었습니다.

천 배우 그런 집안 이야기까지 들으면, 김문수 장관의 결혼에 대한 신념이 더 단단하게 느껴지네요.

김 대표 특히 설난영 여사를 생각하면 더 그렇죠. 그때부터 대단한 사람이었습니다. 경기도지사를 두 번 하고 대통령 출마를 결심했을 때, 설 여사는 반대한 걸로 알아요.

"지사를 마치고 좀 더 경험을 쌓은 다음에 생각할 일이지, 지금은 아니야."

하지만 김문수 장관이 결심을 굳히자, 더는 말하지 않고 가만히 지켜보셨습니다. 서로에 대한 존경이 있었기에 가능한 태도였죠.

안 작가 지나온 시간을 짧게나마 들으면서 제가 확신하게 된 건, 두 분은 서로를 깊이 존중하고 존경하는 부부라는 사실입니다.

김 대표 그렇습니다. 설난영 여사 역시 남편에 대한 깊은 존경과 믿음이 있었기에, 체념이 아니라 '저 사람은 반드시 자기 길을 갈 것이다'라는 믿음으로 함께했던 거겠죠.

천 배우 설난영 여사의 정말 배포가 대단하다는 걸 느낍니다. 시대를 감안하면 여성이 그러기 쉽지 않은데요.

김 대표 박정희 대통령이 육영수 여사를 가리켜 말씀하신 게 떠오르네요.

"내 아내가 제1 야당이다"

김문수 장관이 대통령이 된다면, 설난영 여사님이 바로 그 자리에 있을 겁니다. 말이 많지 않고 행동으로 보여주는 지혜로운 사람입니다.

제가 좌우명으로 삼는 성경 말씀 중에 이런 말이 있습니다.

"너희는 지식이 있는 자가 되지 말고 지혜로운 자가 되라."

설 여사는 바로 그런, 참 지혜를 지닌 사람입니다.

강 PD 지금 말씀을 들으니 두 분의 마음이 정말 서로 통했겠구나 싶어요. 결혼 생활을 서울대 근처에서 시작했는데, 지금도 그 부근에서 살고 계시잖아요?

김 대표 국회의원 세 번, 경기도지사 두 번, 대통령 경선

까지 치렀지만, 여전히 비탈이 심한 곳의 작은 아파트에 살고 있습니다. 강남에 집 한 채 마련할 법도 한데, 초심을 잃지 않고 살아가는 거죠.

천 배우 정말 대단합니다.

김 대표 기자회견에서도 밝히셨듯이, 부정한 돈을 받은 적도 없고, 가진 재산은 10억도 안 됩니다.

관악산을 오르면서 턱걸이로 건강을 유지하고, 지금도 소탈하게 살아가고 있습니다.

안 작가 정말 그렇다면, 이분이야말로 '깨끗한 손'을 가진 지도자라는 기대감이 확 생기는대요? 하하.

천 배우 정치를 잘 모르는 제 입장에서 걱정되는 건, 보통 본인은 청렴해도 가족이나 부인이 문제가 되는 경우가 있잖아요. 과연 설난영 여사는 탈탈 털어도 먼지 하나 안 날까, 그게 궁금합니다.

김 대표 결단코, 그런 일은 없을 것이라 자신 있게 말씀드릴 수 있습니다. 김문수 장관을 오랫동안 지켜본 저로서, 설 여사는 정말 깨끗한 사람입니다.

강 PD 그렇게 자신 있게 말씀하시니까, 저도 믿고 싶어집니다. 오늘 설 여사 이야기를 들으면서 두 인연이 얼마나 초심을 지키며 살아왔는지 다시금 느낍니다.

천 배우 깨끗한 손이 물들지 않기를, 앞으로도 그렇게 남기를 진심으로 바랍니다.

안 작가 항상 기대가 크면 큰 실망이 따라왔습니다. 하지만 지금 이순간 저는, 김문수 장관과 설난영 여사가 우리 모두에게 큰 희망을 선물할 거라는 믿음이 생겼습니다.

제2의 박헌영, 신영복

천 배우 김문수 장관도 한때는 신영복 선생의 사상에 빠져 있었다고 들었어요. 그러다가 어떻게 변절자라는 오명까지 감수하면서 그 사상에서 빠져나올 수 있었을까요? 그 계기가 궁금합니다.

김 대표 정확히 보셨어요. 김문수 장관도 처음에는 신영복 선생을 '정말 대단한 천재'라고 존경하는 발언을 많이 했었지요. 아마 사회와 자신을 위한 삶을 꿈꾼다는 점에서 깊은 감명을 받았던 거겠죠.

그런데 여기서 중요한 지점이 하나 있습니다. 일부 보수 진영에서는 신영복 선생을 '제2의 박헌영'이라 부르기도 해요. 박헌영은 일제강점기 공산주의 운동의 핵심이자, 해방 후 북한 정권 수립에 참여했지만 결국 김일성에게 숙청당했죠. 그의 삶은 혁명가에서 반역자로 낙인찍힌 비극의 상징이기도 합니다.

그에 비해 신영복 선생은 정치운동가라기보다는 사상가·교육자였지만, 통일혁명당 사건으로 20년간 복역하고 나온 후에도 그의 영향력은 지대했어요. 특히 '성찰'과 '관계'

의 사상을 전면에 내세웠지만, 김문수 장관처럼 실제 사회주의 운동을 몸으로 겪은 이들에겐 여전히 이념적 연계성이 의심받았던 인물이죠.

하지만 말씀드렸다시피 김문수 장관은 안병직 교수의 영향을 받으면서 조금씩 달라지기 시작했습니다. 한때는 마르크스-레닌주의를 신봉하고 노동자 계급 혁명을 꿈꿨지만, 결국 현실을 보고 인정했습니다. 자신이 믿었던 사상이 인간을 위한 것이 아니라, 인간을 억압하는 결과로 이어진다는 걸 깨달은 거죠.

안 작가 당시 분위기에서 본인이 깨달았다고 생각을 바꾼다는건 결코 쉽지 않았을 겁니다. 학생운동 조직이 마르크스-레닌주의뿐만 아니라 김일성 주체사상까지 강요하던 때였으니까요.

김 대표 김문수 장관은 주체사상에는 단호히 반대했습니다.

"나는 마르크스-레닌주의자일뿐, 김일성 주의자는 아니다."

그게 김문수 장관이 학생운동 조직들과 결별한 중요한 이유 중 하나입니다. 많은 주체사상파들이 자신에게 찾아와 소위 '위수김동'을 이야기하며 함께 할 것을 설득했지만 당시 자신은 마르크스-레닌주의와 마오주의에 빠져있었을지언정 주체사상에는 동참하지 않았다고 자주 얘기해요.

천 배우 그럼 김문수 장관은 학생운동 내부에서도 고립됐겠네요?

김 대표 안타깝게도요. 당시 한국의 운동권 내부에는 주체사상을 신봉하는 주사파, 이른바 NL계열이 빠르게 득세하고 있었어요. 앞서 말했듯 김문수 장관은 '김일성 주체사상을 따르는 건 아니다'라고 분명히 선을 긋고 그들과 갈라섰습니다. 스스로도 한때 광의적 의미에서 '빨갱이'였다고 인정하지만, 김일성 주체사상에는 단 한번도 빠져본적이 없다고 강조해요.

강 PD 그래서 나중에 정치에 나와서도, 주체사상을 신봉하는 세력에 대해 그렇게 강경하게 비판했던 거군요. 문재인 대통령도 '김일성주의자'라고 단호하게 비판할 수 있었던 거구요.

김 대표 그것도 논란이 많았지요. 김문수 장관은 문재인 대통령이 신영복 선생을 존경한다고 밝힌 걸 보고, '그렇다면 결국 김일성 주체사상을 따르는 것과 같다'고 규정했습니다. 그리고 국회에서, 방송에서, 유튜브에서, 교회 강연에서도 똑같이 얘기해왔습니다.

단 한번도 말이 바뀐적 없는 일관성을 지닌 분이에요.

자신이 직접 경험했던 공산주의 운동, 그리고 거기서 탈출한 경험이 있었기 때문에 그 누구보다도 그 문제를 단호하게 지적하는 거죠.

천 배우 김문수 장관에게는 단순한 이념 논쟁이 아니라, 삶 전체를 걸고 싸워 온 신념이네요.

안 작가 그러니까, 김문수 장관은 단순히 정치적 유불리를 따지지 않고, 자기가 옳다고 믿는 길을 꾸준히, 흔들림 없이 걸어온 거군요.

김 대표 그래서 김문수 장관은 '내가 가장 존경하는 사람은 이승만과 박정희'라고 늘 말해요. 자유민주주의와 대한민국을 지킨 지도자들이기 때문이죠.

천 배우 결국 신념을 지키기 위해 조직과, 과거의 자신과도 결별한 거군요.

김 대표 그 과정에서 엄청난 고통을 겪었구요. 변절자라는 낙인을 감수해야 했고, 정치적으로도 험난한 길을 걸었어요. 하지만 김문수 장관은 '나는 틀린 길을 버린 것이지, 배신한 것이 아니다.'라고 늘 말합니다. 그 일관성만큼은 지금까지도 변함이 없어요.

강 PD 김문수 장관도 학생운동을 치열하게 하셨던 걸로 압니다. 당시 학생운동권에서 정치적인 기회도 있었을 텐데 왜 하필 노동운동에 전념하셨나요?

김 대표 김문수 장관은 대학 시절부터 세상을 진지하게 고민했습니다. 서울대 재학 중 제적을 당하고, 이후 청계천으로 내려가 전태일 열사의 뒤를 잇는 노동 현장에 뛰어들었습니다. 낮에는 재봉틀 보조 일을 하고, 밤에는 사상 공부를 했습니다.

그가 품었던 이상은 '약자를 보살피고, 모두가 평등하게 잘 사는 세상'이었습니다. 그리고 본인이 가진 게 있으면 그것을 어떻게 나누어 줄까가 가장 큰 관심사였습니다. 사회주의, 특히 마르크스-레닌주의를 통해 이를 이룰 수 있다고 믿었던 겁니다. 생산수단을 공동 소유하고, 배운 사람이나 못 배운 사람이나 모두가 똑같이 인간답게 살아야 한다는 꿈이었지요.

당시 지도교수였던 안병직 교수의 영향도 컸습니다. 안 교수 역시 마르크스-레닌주의에 심취해 있었고, 김문수 장관도 이를 충실히 따랐습니다.

안 작가 자신이 믿고 있는 사상을 행동으로 옮기려했던 마음가짐이 정말 대단했던 것 같아요.

김 대표 그렇습니다. 김문수 장관은 단순히 책상 앞에서 이론만 읊은 게 아니라, 몸으로 실천했잖아요. 재봉틀 보조부터 시작해 한일도루코로 옮겨 노동자가 되어 일하며, 노동조합 위원장까지 맡았습니다. 몸소 바닥을 체험하며, 현실 속에서 사회주의 이상을 실현하려 했던 겁니다. 저도 학생 때 잠시 체포돼 유치장에 갇힌 적이 있었지만, 김문수 장관처럼 삶 전체를 걸고 투쟁했던 사람은 드물었습니다.

강 PD 그러다 결국 사상의 한계를 느끼게 된 거군요.

김 대표 많은 사람이 그랬죠. 김문수 장관도 1980년대 후반에서 90년에 걸쳐 동구권 붕괴와 소련 몰락, 베를린 장벽 붕괴를 목격했습니다. 고르바초프가 스스로 공산주의의 실패를 선언하고 '개혁과 개방'을 화두로 삼은 시기였습니다. 결국 소련식 마르크스-레닌주의는 붕괴했고, 중국조차 자본주의 시장 원리를 점차 받아들이게 되었습니다.

이 모든 현실을 직접 보면서 김문수 장관은 이상과 현실의 괴리를 절감했습니다. 결국 그는 사회주의의 환상에서 벗어나 자유민주주의의 길로 돌아서게 됩니다. 이 점이 김문수 장관의 진짜 큰 장점입니다. 자기 잘못을 인정하고, 사상적 전향을 행동으로 실천하는 것은 결코 쉬운 일이 아닙니다. 그는 과거를 부정하는 대신 오히려 치열하게 반성하고, 그 경험을 발판 삼아 자유대한민국을 바로 세우려는 길을 택했습니다.

안 작가 그렇다면 지금 김문수 장관은, 과거의 경험을 딛고 이제는 자유민주주의의 가치를 굳게 믿고 그 길을 향해 묵묵히 걸어가고 있는 거군요?

김 대표 물론입니다. 김문수 장관은 당시에는 소련식 모델을 꿈꿨지만, 직접 체험하고 시대의 흐름을 지켜보며 철저히 자유민주주의자로 변모했습니다. 그리고 지금은 주사파 세력의 위험성과 북한식 통일 전략인 "우리민족끼리"라는 선전에 대해 누구보다 분명하게 경계하고 있습니다.

천 배우 '우리민족끼리'라는 말이 민족 간 연대처럼 들리기도 하지만, 대표님께서는 그 이면을 강하게 경계하시는 것 같아요. 구체적으로 어떤 위험이 담겨 있다고 보시는 건가요?

김 대표 참 답답해요. '우리민족끼리'는 겉으로는 민족끼리 힘을 합치자는 좋은 말이죠. 하지만 숨은 뜻은 미국과 일본과의 관계를 끊고, 남한을 고립시켜 북한이 주도권을 잡겠다는 전략입니다.

북한은 지금도 대한민국을 주적으로 규정하고 있고, 주사파 세력은 그 선전 전술에 부화뇌동하고 있습니다. 김문수 장관은 이 점을 누구보다 잘 알고 있습니다. 그렇기에 한미동맹을 강화하고, 자유민주주의를 지켜야 한다는 신념을 굳게 갖고있습니다.

천 배우 그렇다면 지금도 주사파 세력이 국내에서 상당한 영향을 미치고 있다고 판단하시는 거군요?

김 대표 심각하죠. 김문수 장관이 그러잖아요. 저도 마찬가지에요. 주사파 세력, 즉 북한 주체사상을 추종하는 세력이 여전히 대한민국을 흔들고 있습니다.

특히 문재인 정부 시절 청와대, 국회 등 요직에 주사파 성향 인사들이 포진했던 것은 매우 심각한 문제였습니다. 김문수 장관은 과거 사회주의, 마르크스-레닌주의 사상을 직접 몸으로 익혔던 사람입니다. 직접 체험하고, 현실을 보고, 스스로 돌아서서 자유민주주의를 선택한 만큼, 이 문제의

심각성을 누구보다 잘 알고 있습니다.

강 PD 그 말씀은, 결국 북한의 주체사상과 지금 한국 사회의 일부 세력들이 여전히 어떤 식으로든 연결돼 있다는 뜻이겠네요?

김 대표 과거 황장엽 비서처럼 북한 주체사상의 허구성을 깨닫고 남한으로 망명한 사람들도 있습니다. 하지만 여전히 주체사상에 물든 일부 세력은 '우리민족끼리'라는 구호를 앞세워 국민을 현혹시키고 있습니다.

북한은 이미 사실상 자본주의가 스며든 체제입니다. 시장 경제가 침투해서 주민들이 개인 장사를 하고, 돈을 벌고 있습니다. 그러나 북한 정권은 여전히 국민을 통제하며 권력을 유지하고 있습니다.

김문수 장관은 이런 현실을 정확히 꿰뚫고 있기 때문에, 자유민주주의를 지키고 한미동맹을 강화해야 한다고 강조하는 것입니다.

안 작가 그렇다면 이 문제를 방치했을 때 우리 사회에 어떤 위험이 닥칠 수 있을지, 그 점도 경각심을 가져야겠네요.

김 대표 가장 큰 문제는 국민들이 무감각해진다는 것입니다. 북한의 위협, 주사파 세력의 암약, 이런 현실에 둔감해지면 제2의 천안함 사건이 또 터질 수 있습니다. 더 큰 위험은 미군이 철수하게 될 수도 있다는 것입니다.

김문수 장관은 한미동맹 강화, 종북 세력에 대한 감시

강화, 그리고 국민 안보 의식 재건을 반드시 실천해야 한다고 생각하고 있습니다.

천 배우 말씀을 듣고 보니, '우리끼리'라는 말 하나에도 얼마나 깊은 함정이 숨어 있는지 알게 되네요. 김일성, 김정일 그리고 지금의 김정은까지 북한의 대남전략은 변함이 없다는 것이네요.

김 대표 그래서 정말 조심해야 할 말입니다.

겉으로 보기엔 가장 아름다운 말 같지만, 실상은 남한을 고립시키고 북한에 끌려가게 하려는 전략의 일환이었습니다. 이제는 대한민국 국민 모두가 깨어 있어야 합니다. 그래서 북한의 '우리민족끼리'라는 전략과 전술을 깨버리겠다는 것이 김문수 장관의 생각입니다.

3부

의병의 후예

달성군 유가면 초곡리에 있는 박근혜 대통령 사저

나의 선조는 의병장

천 배우 김문수 장관을 보면 늘 궁금했던 게 있습니다. 도대체 저 강단과 신념은 어디서 비롯된 걸까 하고요. 듣기로는 선조 중에 의병장이 계셨다고 하던대요?

김 대표 아주 중요한 이야기입니다. 김문수 장관의 고향은 경북 영천시 임고면인데요, 진짜 시골이에요. 저희도 최근에 강 PD, 안 작가, 정원경 디자이너와 함께 그 마을에 다녀왔어요. 그곳은 경주 김씨 집성촌이자, 포은 정몽주 선생의 고향이자 사당인 '임고서원'이 있는 곳이죠. 그 서원이 마을에서 제일 큰 건물이었습니다. 장관도 어릴 적에 소풍도 다니면서 자연스럽게 단호함과 올곧은 정신이 아주 자연스럽게 스며든 환경이죠.

안 작가 그 의병장이었던 선조가 김연 선생님 맞으시죠? 저희가 생가를 찾았을 때 확인했던 것 같아서.

김 대표 네, 맞습니다. 임진왜란이 발발하던 1592년, 김연 선생은 영천 지역에서 자발적으로 의병을 조직해서 영천성, 언양읍성, 그리고 경주성까지 탈환했습니다. 경주성 전투는 고려 말에 제작된 지자포, 현자포 같은 화포를 활용해 관군과 의병이 함께 싸워 대승을 거둔 전투였습니다. 하지만 그 과정에서 김연 선생은 순국하셨죠. 마흔의 나이였습니다.

지금도 임고면에 가면 김연 선생의 기념비와 현판이 있고, 거기가 바로 그 옆이 김문수 장관이 태어나고 자란 곳입니다.

강 PD 와… 말씀만 들어도 뼛속 깊이 절개와 충의의 정신이 흐르는 집안이네요. 김 장관의 선택들이 결코 우연이 아니었겠다는 생각이 듭니다.

김 대표 그렇죠. 조선 말 국채보상운동에도 조부 참여하셨고요. 일본에게 진 빚을 국민이 자발적으로 갚자는 운동이었습니다. 그 정신이 이어져 IMF 시절 김대중 대통령이 주도한 금모으기 운동으로 연결된 거죠. 우리가 그런 민족입니다. 위기에 강한 민족. 지도자만 잘 만나면 그 힘이 터지는 거예요.

저는 김문수 장관이 그런 정신을 가진 분이라고 봐요. 청렴, 절의, 약자와의 연대 같은 게 단지 배운 게 아니라 체화된 것이죠.

천 배우 그러고 보면 김 장관님은 노동운동, 정당 활동, 정치까지… 계속해서 시대가 부르는 자리로 나아가셨다는 느낌이 있어요. 그 선조들의 피가 현대의 방식으로 실현된 거 아닌가 싶어요.

안 작가 맞아요. 전장을 지키던 무인이 있었다면, 김문수 장관은 공장을 지켰고, 이후엔 제도 정치로 무대를 옮긴 셈이죠. 그런데 궁금해요. 그런 전환은 언제부터 시작되었을까요?

장기표 선배에 반하다

김 대표 정확히 말하면 1980년대 후반에서 90년대 초반쯤이죠. 민주화 이후 노동 현장에서의 고민을 제도 정치로 연결해보자는 흐름이 있었어요. 그때 함께 뜻을 모았던 인물이 장기표 선생, 그리고 이재오 의원입니다. 이 세 분이 같이 만든 정당이 민중당이에요.

강 PD 김문수, 이재오, 장기표… 진짜 쟁쟁하네요. 그런데 민중당은 오래가지 못했죠?

김 대표 참 안타깝죠. 당시 정당법상, 일정 수준의 득표율을 넘기지 못하면 정당 등록이 자동으로 말소되는 구조였거든요. 민중당은 첫 선거에서 기준을 넘기지 못했고, 결국 '표가 안 나와서 사라진 정당'이 되어버렸습니다. 하지만 그 안에 담긴 뜻과 사람들의 열정은 결코 작지 않았어요.

안 작가 그 이후에 세 분은 각자 다른 길을 걷게 되는 거죠?

김 대표 그렇죠. 장기표 선생은 끝까지 순수한 운동권의 길을 걸으셨지, 심지어 민주화 운동 공로 보상금이 11억 정도 나왔는데도 "이건 내 몫이 아니다" 하시면서 한 푼도 안 받았어요.

'나만 고생한 것도 아니고, 시대가 만든 일인데 내가 왜 받아야 하냐'고 단호하게 거절하셨죠.

마지막으로 경남 김해에서 출마했어요. 그런데 낙선했죠. 국민의힘에서 공천은 됐지만 자기 고향에서 낙선한 겁니다. 정말 돼야 할 사람은 안 되고. 세상이라는 게 참.

강 PD 그런데 김문수 장관은 좀 다른 길을 선택했잖아요. 정당 활동을 통해 제도 정치로 들어갔고.

김 대표 그게 당시엔 큰 결단이었어요. 노동운동가가 보수 쪽 정치로 가는 걸 두고 '변절자'라는 낙인을 찍는 사람도 많았거든요. 그리고 자민당 공천으로 부천에서 출마해 당선이 됐어요. 진보쪽에서 출세하기 위해 돌아섰다고 맹렬히 비난했죠. 하지만 김 장관은 그 비난을 감수하고 "나는 내가 옳다고 믿는 길을 가겠다"는 철학이 있었던 거예요. 자기 자신도 많이 괴로웠겠죠. 이념을 버리는 게 아니라, 자신과 생각이 다름을 인정하고 돌아서는 과정이었으니까요. 결국 정치를 해야 세상을 바꿀 수 있다고 판단한 거죠. 전태일열사의 어머니 이소선 여사도 '문수야, 잘했다'라고 격려했으니까요.

안 작가 손가락질 받으면서도 옳고 그름에 대한 본인의 기준은 분명했던 걸까요? 그게 선조들로부터 물려받은 뿌리 깊은 정신 같아요. 어릴 적부터 포은 정몽주 선생 사당 옆에서 자랐고, 임진왜란 당시 의병장으로 순국하신 김연 선생이 직계 선조였고요.

김 대표 그런 정신이 그냥 '배운' 게 아니라 '체화된' 거죠. 남다르죠. 실제로 김 장관이 가장 존경하는 인물로 항상 '다산 정약용'을 꼽잖아요. 공직자란 나라로부터 봉급을 받는 사람으로서 민원인을 위해 무한 봉사해야 한다고, 믿고 정말 그렇게 실천하는.

그건 집안 전체가 그런 DNA를 가지고 있어서 그래요. 형제들도 노동운동을 했어요. 큰형은 서울은행 노조위원장이었고, 막내동생은 대구의 콘티제과에서 노조 간부였죠.

지금은 다 전향했어요. 김 장관의 영향이 컸죠. 노동조합 활동 자체를 부정한 건 아니에요. 다만, 마르크스-레닌주의와 결별한 겁니다.

그러니까 예전에는 나도 어릴 때 그런 생각을 못 했어요. 30,,40, 50대까지도 그런데 앞에 6자를 단 이후에는 가만히 생각해 보면 다 그런 게 있더라고요. 돈보다, 지위 명예보다 더 중요한 건 자기 자신의 길을 가는 것 입니다.

안 작가 인상 깊은 말씀입니다. 김문수 장관은 장기표 선생 장례식 때도 자리를 계속 지켜키면서 직접 조문객을 맞았다고 들었습니다.

김 대표 그렇습니다. 눈물도 많이 흘리고… 말로 다 표현 못 할 감정이 있었을 겁니다. 그건 단순한 정치적 인연이 아니라, 인생을 함께했던 동지에 대한 경의였어요.

그런데요, 설난영 여사가 이런 말을 하잖아요.

"내가 가장 존경하는 사람은 김문수다."

정말 대단한 말 아닙니까. 부부 사이에 서로를 존경한다는 게… 저도 듣고 울컥했어요.

그런 진심이 있었기에 오늘의 김문수가 있는 거겠죠. 정치인이기 전에 한 인간으로서, 김문수라는 인물의 깊이와 무게를 느끼게 됩니다.

이승만, 박정희의 길을 따라

강 PD 김문수 장관은 누구보다 확고한 국가관을 가진 사람으로 알려져 있습니다.

그렇다면, 장관께서 생각하시는 '국가를 위한 지도자의 길'은 어떤 것일까요?

김 대표 김문수 장관은 '국가를 위하는 지도자는 확고한 신념과 역사 의식을 갖추어야 한다'고 늘 강조하죠. 존경하는 인물들을 보면 잘 알 수 있습니다. 이승만 대통령은 조선 왕족 출신임에도 왕정 복귀를 거부하고 독립운동에 나섰고, 박정희 대통령은 온갖 반대를 무릅쓰고 경부고속도로를 밀어붙이며 한국 산업화를 이끌었죠. 김문수 장관은 이런 선배 지도자들처럼, '결과가 아닌 신념'을 따라 움직이는 지도자가 되어야 한다고 확신하고 있습니다.

국민이 당장은 이해하지 못하더라도, 역사에 남을 올곧은 길을 가야 한다는 거죠.

천 배우 그렇다면 요즘처럼 비판이 많고 혼란스러운 시대에, 김문수 장관은 어떤 태도로 길을 걸어가고 계신가요?

김 대표 김문수 장관은 '비난을 두려워하지 않고, 역사의 평가를 기다린다'는 자세를 가지고 있습니다. 박정희 대통령이 '내 무덤에 침을 뱉어라'라고 말했던 것처럼, 당장의 인기보다 역사의 올바른 평가를 더 중시합니다.

안 작가 '비난을 두려워하지 않는다.' 그 신념이 오늘의 김문수를 만든게 아닐까 생각합니다. 눈에 보이는 것, 들리는 것만 좇다보면 긴 시간 품었던 신념도 한순간에 물거품이 됩니다. 하지만 김문수 장관은 '역사의 평가를 기다린다'는 이 한마디로 굳건한 자신의 생각과 행동을 펼치겠다고 선언한 것 같아 왠지 마음이 뜨거워 집니다.

김 대표 저 개인적으로도 이 점이 김문수 장관의 가장 강점이라고 생각합니다. '올곧은 길'을 가는 것이 외롭고 험난할지라도, 국가와 국민을 위한 신념을 버리지 않는 그 태도가 지금 시대에 꼭 필요한 덕목이라고 봅니다.

강 PD 결국 지도자에게 가장 중요한 것은 '국민을 향한 올곧은 신념'이라는 말씀으로 이해해도 되겠네요.

김 대표 김문수 장관은 정치권력을 개인의 영달을 위한 수단으로 삼지 않습니다. 국민을 섬기고 헌신해야 한다는 생각을 몇 번 얘기해보면 금방 느껴요. 이런 국가관이 지금처럼 혼란한 시대야말로 더욱 빛을 발하지 않을까. 그런 생각을 해보는 거죠.

민심이 곧 길이다

천 배우 지도자에게 있어 가장 무서운 것은 '권력에 취하는 것'이라죠. 김문수 장관은 지도자가 가져야 할 마음가짐, 특히 사심을 버리는 자세에 대해 어떻게 생각할까요?

김 대표 김문수 장관은 한결같이 강조합니다. '지도자는 자신을 위한 자리가 아니라 국민을 위한 자리다.'

그렇기 때문에 개인의 이익을 챙기고 권력에 집착하는 순간, 그 사람은 지도자가 아니라 개인 사업가가 된다고 보는거죠.

경기도지사 시절의 김문수 장관은 어떠한 개인적 이익도 탐하지 않았잖아요. 지위를 이용해 사적 이익을 취하는 일은 단 한 번도 없었고. 항상 도민의 삶을 개선하는 일에 몰두하고.

안 작가 그런 자세를 유지하는 것이 결코 쉬운 일은 아니었을 겁니다. 우리나라의 정치 환경은 끊임없는 유혹, 회유, 상납이 만연한게 사실이니까요.

김 대표 그렇죠. 정치는 온갖 유혹과 갈등이 도사리는 복마전이잖아요. 하지만 김문수 장관은 공직을 맡은 순간부터 '나는 내 것이 없다'고 스스로 다짐했다고 합니다. 지금 화제가 되고 있는 GTX를 생각해 보세요. 많은 이들의 이권이 오가는 큰 사업인데도 김문수 장관은 개인의 득을 전혀 취하지 않았어요.

또한 민심을 직접 듣는 것을 매우 중시하고. 지방 행정에서도, 장관직에서도 항상 현장을 찾아 국민과 눈을 맞췄습니다. 최근까지 고용노동부장관을 하면서 수시로 현장을 찾아 그들과 호흡하면서 마음을 읽기 위해 애썼잖아요.

천 배우 '국민과 눈을 맞춘다'는 표현이 참 울림이 큽니다. 말처럼 쉬운 일은 아닐 텐데요. 김문수 장관은 그런 실천을 이어가는 과정에서, 어떤 점을 가장 핵심적인 가치로 두었을까요?

김 대표 김문수 장관은 '민심을 듣는 것은 단순한 의례가 아니라, 진심이어야 한다'고 했습니다.

단순히 현장을 방문하는 데 그치는 것이 아니라, 국민 한 사람 한 사람의 이야기를 듣고, 그 마음을 이해하려는 진정성이 중요하다고요. 특히 힘들고 소외된 사람들의 목소리를 더 깊이 듣고자 했습니다. 그래야 올바른 정책이 나올 수 있다고 믿은 겁니다.

강 PD 결국 민심을 듣는다는 건 단지 '듣는 행위'가 아니라, 국민의 고통과 삶을 정말 공감하려는 태도에서 시작되는 거군요.

김 대표 국민을 위한다고 하면서 국민을 만나지 않고, 책상머리에서만 결정을 내리는 것은 멋이 없잖아요. 김문수는 항상 '국민의 눈높이에서 보고, 국민의 아픔을 자신의 아픔처럼 여기는' 자세를 강조하죠. 이건 정약용 선생이 강조한 목민심서의 표본입니다.

안 작가 오늘날 정치인들이 꼭 새겨야 할 덕목인 것 같아요. '말보다 행동이 우선', '국민의 고통이 나의 고통'이라는 사실!

김 대표 지도자는 국민 위에 군림하는 존재가 아닌데, 많이들 착각해요. 국민을 섬기고, 그 신뢰를 얻기 위해 평생 노력해야 하는 존재죠.

김문수 장관은 그 길을 지금도 묵묵히 걷고 있습니다.

4부

아까운 천재, 신영복

신영복 선생의 집에서 도보로 7분 거리에 있는 사명대사 기념관

신영복이 어린 시절을 보낸 밀양시 무안면 중산리에 있는 집

신영복은 공산주의자다

강 PD 앞서 민중당 얘기도 나왔지만, 결국 제도권으로 들어가려던 시도가 잘 안 됐잖아요. 민중 후보로 추대했던 무소속 백기완도 득표율이 1%도 안 되면서… 그때 장관도 어떤 충격을 받으셨을 것 같아요. 인정을 못 받는 느낌이랄까.

김 대표 그 얘기는 조금 이따가 하죠? 후반부에 다시 다루기로 하고, 지금은 아까 다 못한 신영복 교수 이야기부터 해보면 좋겠는데요.

천 배우 신영복이라는 분, 전 정권에서는 굉장히 영향력이 컸잖아요? 국가의 서체까지 바꿀 정도였다는데, 그분의 사상이나 철학이 어떤 힘을 가졌길래 그렇게 많은 지도자들에게 존경받았던 걸까요? 철학인지, 종교인지, 이념인지, 그게 궁금합니다.

김 대표 좋은 질문입니다. 신영복 선생은 노무현 대통령, 문재인 대통령 같은 우리나라 최고의 지도자들이 가장 존경한다고 공공연히 밝힌 인물이죠. 그만큼 대단한 천재였습니다.

어떤 면에서는, 김문수 장관이 한때 마르크스-레닌주의에 심취했던 것처럼, 신영복 선생의 사상도 한 번 빠지면 헤어 나오기 어려운 매력이 있었어요. 그렇지만 신영복은 김일성의 주체사상을 받아들인, 어떻게 보면 공산주의자였죠. 그래서 통혁당 사건으로 무기징역을 선고 받잖아요. 20년 살다가 전향자술서를 쓰고 감옥에서 나왔지만.

강 PD 그럼 신영복 선생의 철학은 구체적으로 어떤 거였나요?

김 대표 한마디로 요약하면 '사람이 먼저다'입니다. 유명한 말이죠? 그런데 이 말은 김일성이 얘기하는 주체사상에서 '사람이 먼저다' 라는것과 같은 거에요. 공산주의자들이 인민을 속일때 늘 쓰는 말입니다.

노무현 대통령, 문재인 대통령의 정치 철학에 깊게 스며든 것도 바로 이 신영복 사상이에요.

"처음처럼", "더불어", "사람아, 사람아" 같은 책 제목들 있잖아요. 딱 속기 좋은 말입니다. 지금도 많은 이들이 속고 있고요.

안 작가 듣는 것만으로도 사람을 끌어당기는 힘이 느껴졌나봐요.

김 대표 서체도 보면 멋있잖아요. 신영복 선생은 천부적인 글쟁이였고, 말 그대로 최고의 카피라이터였습니다.

글씨체 하나하나에도 인간미가 느껴지는 것처럼 보이고

요, '더불어 살아야 한다'는 정신을 너무나 아름답게 표현한 것처럼 보이는 거죠. 그러니 청와대에서도 신영복체로 서체를 바꾸고, 국가적 상징에까지 그의 정신을 새겼던 겁니다.

천 배우 듣다 보니 왜 그렇게 많은 사람이 열광했는지 조금 알 것 같아요.

김 대표 네. 다만, 그 이면에는 마르크스-레닌주의에 뿌리를 둔, 사회 체제를 근본적으로 바꾸려는 사상이 자리하고 있었다는 것도 잊어서는 안 됩니다.

안 작가 신영복 선생도 결국 김일성 주체사상에 영향을 받은 건가요?

김 대표 신영복 선생하면 통혁당 사건을 빼놓을 수가 없죠. 깊이 공산주의 운동에 관여했습니다.

1968년 박정희 정권 시절, 남한 내에 북한을 지지하는 지하조직인 통일혁명당 사건이 터졌어요. 다 간첩이었어요.

이 사건으로 수십 명이 체포되고, 김종태, 김질락 같은 주도자들은 사형당했죠. 김질락은 죽기 전에 자신이 쓴 '어느 지식인의 죽음'에서 더이상 공산주의에 속지 말라고 경고했습니다.

강 PD 신영복 선생도 그 조직에 연루됐던 건가요?

김 대표 그정도가 아니고요. 신영복은 통혁당 핵심 인물 중 한 명이었습니다.

당시 육사 교관이었는데, 북한의 주체사상에 동조하고

지하운동에 가담한 혐의로 무기징역을 선고받았어요. 결국 20년 가까이 감옥살이를 하게 됩니다.

천 배우 그럼 신영복 선생은 감옥에서 전향한 건가요?

김 대표 형식적으로는 그렇습니다. 감옥에서 '전향서'를 쓰고 1988년 올림픽을 앞두고 특별사면으로 풀려났어요. 하지만 실제로는 사상을 버리지 않은 게… 그 자신도 나중에 한겨레신문과의 인터뷰에서, '나는 내 철학을 버린 적 없다'고 말했죠.

안 작가 결국 가짜 전향, 위장이었다는 거네요.

김 대표 살고자 하면 뭘 못하겠습니까. 신영복 선생은 출소 후에도 계속해서 주체사상에 기반한 인간중심적 세계관을 설파했고, 성공회대 교수로 활동하면서 많은 학생들에게 영향을 끼쳤어요. 문재인 전 대통령 때 의전 비서관으로 많은 행사를 기획했던 탁현민이 그 대표적 인물이죠.

강 PD 그 영향이 문재인 대통령 같은 정치인들에게까지 이어진 거네요.

김 대표 정확히 보셨어요. 문재인 대통령은 평창 동계올림픽 리셉션 연설에서도 '내가 가장 존경하는 사상가는 신영복 선생'이라고 직접 말했습니다. 김문수 장관이 문재인 대통령을 '김일성 주의자'라고 비판하는 것도 이 연관성 때문입니다.

천 배우 듣다 보니, 신영복 선생이 단순한 인물은 아니었네요. 대단한 천재였지만, 결국 끝까지 사상을 버리지 않은 불행한 천재였다는 생각도 듭니다.

김 대표 김문수 장관도 신영복 선생을 인간적으로는 존경하지만, 사상적으로는 단호하게 선을 긋습니다.

'나는 그 길을 버렸지만, 신영복은 끝내 버리지 못했다.' 바로 이 말이 신영복을 향한 김문수 장관의 일관된 평가입니다.

주사파가 죽어야 나라가 산다

김 대표 한마디로 얘기하면, 지금도 우리 사회에 잔존하는 주사파 세력은 북한 통일전선부와 연결되어 있다고 봐야 합니다. 이 통일전선부는 과거부터 간첩을 남파하고, 선전·선동 활동을 벌였지요.

'우리 민족끼리'라는 구호를 통해 미군 철수, 한미동맹 파기, 일본과의 단절을 주장하는 것도 이들의 전술입니다.

실제로 '우리 민족끼리' 사이트 본사는 중국 심양에 있었습니다. 영어, 러시아어, 중국어, 일본어, 한국어로 선동 자료를 퍼뜨렸죠. 그 배후 조직이 얼마나 조직적이고 위험한지는 많은 사람들이 잘 모릅니다.

히틀러를 독일 사람들이 한때 영웅으로 여겼듯, 북한에서도 김일성을 절대자로 신격화했지만 실상은 인민을 노예처럼 부리며 세습 체제를 이어온 것에 불과했습니다. 황장엽 비서가 이를 가장 뼈아프게 증언한 인물이죠.

안 작가 대표님께서 일본 특파원으로 도쿄에 계실 때 황장엽 망명 사건을 직접 취재했다고 들었습니다.

김 대표 기억하시네요. 제가 1994년부터 일본 특파원으로 근무할 때, 황장엽 비서가 일본에 왔습니다. 조총련을 통해 망명을 시도하려 했지만 여의치 않아 결국 중국으로 이동했고, 베이징 주재 한국대사관으로 들어가 망명했지요.

황장엽은 주체사상을 정립한 북한 체제의 2인자였습니다. 그가 김정일 체제의 부패와 세습을 비판하며 탈북한 것은 세계를 충격에 빠뜨렸습니다.

황장엽 일가는 모두 숙청당했고, 황장엽 본인은 끊임없는 암살 위협 속에서도 한국에 머물며 북한 체제의 실상을 폭로했습니다.

이 사건은 북한이 얼마나 반민주적이고 비인간적인 체제인지를 전 세계에 명확히 보여준 결정적 계기였습니다.

김문수 장관은 이런 역사적 흐름을 누구보다 깊이 이해하고 있습니다. 그래서 지금도 주사파와 북한 체제에 대한 분명한 경계심을 잃지 않고, 자유민주주의를 굳건히 지켜야 한다는 신념을 변함없이 간직하고 계신 것입니다.

천 배우 지금 우리 사회도 주사파 세력과 북한의 위협에 둔감해진 면이 있습니다. 김문수 장관 같은 분들이야말로 이 시대에 꼭 필요한 존재 같습니다.

안 작가 아, 그러고보니 문재인 정권 시절에 귀순했던 북한 동포를 북한으로 돌려보낸 일이 있었습니다. 극비에 부쳐진 사건이었죠. 음… 그럼 이 사건도 주사파와 관련됐다고 볼 수 있을까요?

김 대표 의심을 안 하는게 이상해요. 문재인 정부 청와대 비서진 중 다수가 이른바 NL(민족해방) 계열 출신이었잖아요. 당시 비서실장이었던 임종석을 비롯해 윤건영, 신동호 연설비서관 등 주요 인물들이 모두 NL 계열이고.

NL은 폭력을 통한 체제 전복을 주장하는 과격한 노선입니다. 이와 대비되는 PD(민중민주주의) 계열은 마르크스-레닌주의를 기반으로 사회주의 혁명을 지향했는데, 김문수 장관은 이 PD 계열에 속했었습니다. 유시민 전장관과 심상정 전의원도 PD계열이었죠.

강 PD NL을 대표하는 인물이 이석기였죠. 통합진보당 사건도 떠오릅니다.

김 대표 맞습니다. 이석기는 북한과 손을 잡고 체제를 전복하려 했던 인물입니다. 박근혜 정부 시절, 황교안 당시 법무부 장관이 통진당 해산을 이끌어냈고, 헌법재판소에서도 이를 인정했습니다. 그래서 통진당이 완전 해산 된거죠.

하지만 지금도 주사파 세력은 완전히 사라지지 않았습니다. 오히려 문재인 정부 시절에 은밀히 영향력을 행사하며 이런 일들이 벌어진 것이죠.

안 작가 김문수 장관은 마르크스-레닌주의를 일찍 몸에 익히셨던 분인데도, 지금은 오히려 자유민주주의를 확고히 지키려 하시는군요.

김 대표 김문수 장관이 한때 마르크스-레닌주의를 진심으로 믿은 건 분명해요. 하지만 지도교수였던 안병직 교수, 그리고 이영훈 이승만학당 이사장 등과 함께, 동구권 붕괴와 소련 몰락을 직접 목격하면서 완전히 전향한 것도 분명합니다. 어떻게보면 김문수 장관은 주체사상과 북한 체제에 대해 누구보다 뼈저리게 인식하고 있다고 할 수 있죠. 현실을 체험하고, 사회주의 이상이 인간 본성과 맞지 않음을 깨달은 것입니다.

천 배우 학생운동 시절, 주사파를 상징하는 인물도 있었지요?

김 대표 대표적인 인물이 김영환. 김영환은 대학가에서 스스로 마르크스-레닌주의와 주체사상을 공부하고, 북한의 고려연방제 통일 방안을 지지했습니다.

이후 김일성의 초청을 받아 북한으로 넘어갔습니다. 강화도 끝자락에서 밤중에 500m를 걸어가 잠수정을 타고 북한으로 들어갔고, 김일성을 두 번 만났습니다. 김일성은 김영환에게 막대한 공작금까지 제공하며 기대를 걸었지요.

하지만 김영환은 북한 체제를 직접 경험하고 환멸을 느꼈습니다. 김일성은 주체사상의 본질을 이해하지 못하고 있었고, 현실은 그가 꿈꿨던 이상과는 너무나 달랐습니다.

김영환은 귀국 후 전향했고, 이후 북한 인권운동에 헌신하고 있습니다. 지금도 그는 북한 인권 문제를 적극 알리고 있는 인물입니다.

안 작가 김영환 선생처럼 북한의 실상을 직접 보고 전향한 분들이 있는데, 그럼.. 주사파는 대학가를 중심으로 확산되었다고 생각해야겠군요.

김 대표 그땐 그게 요샛말로 '힙'한 거였으니까요. 김영환이 쓴 '강철서신'은 전대협, 한총련 등을 통해 대학가에 퍼졌고, 주체사상은 1980년대 후반부터 대한민국 대학 사회를 강타했습니다.

특히 88올림픽 이후 임수경이 방북하면서 '우리민족끼리' 라는 구호는 더욱 확산됐지요. 아마 기억하실 겁니다. 한반도기가 서울시내 곳곳에서 펄럭이고 있었으니까요.

문제는, 이렇게 성장한 주사파 세력이 이후 국회, 청와대, 민주당 등 주요 기관에 자리 잡게 된 것입니다. '우리민족끼리'를 외치던 사람들이, 정작 북한에서 넘어온 귀순 동포들은 비밀리에 북송시키는 이율배반적인 행동을 했습니다.

이는 단순한 정치적 사건이 아니라, 국가 정체성에 심각한 혼란을 불러온 사건입니다.

천 배우 귀순자들을 북한에 돌려보낸 사건은 정말 충격적이었어요. 같은 민족인데.

김 대표 '우리 민족끼리'라는 구호는 듣기에 좋아 보이지만, 실상은 남한 내 친북 세력화를 위한 북한의 전략인 게 다 드러났죠. 주사파는 이런 선전·선동에 동조하면서, 자유민주주의 체제를 흔들려 했던 거지요. 김문수 장관은 오래

전부터 전국을 돌면서 '우리 민족끼리'라는 북한의 대남전략을 깨부수기 위해 끊임없이 노력했어요. 그 덕에 주사파에서 전향하는 학생들이 많아 늘어난 거죠.

강 PD 그런데 지금도 천안함 사건조차 음모론이 떠돌고 있잖아요.

김 대표 정말이지 통탄할 일이에요. 천안함 사건은 명백히 북한 어뢰 공격임에도 불구하고, 아직도 자작극, 내부 폭발이라는 식의 음모론이 남아 있습니다. 이는 주사파 세력이 조직적으로 진실을 흐리려 한 결과입니다. 김어준 방송 한번 들어보세요. 지금도 자작극이라고 하잖아요.

천안함 희생자 유족들은 아직도 상처를 안고 살아가고 있는데, 우리 사회는 여전히 명확하게 선을 긋지 못하고 있습니다. 올해 3월 26일은 천안함 침몰 사건 15주기였습니다. 세월이 벌써 그렇게 흘렀네요.

안 작가 아… 세월이 벌써 그렇게나 흘렀네요. 아까운 목숨들을 잊고 지내 온 시간을 반성하게 됩니다.

김 대표 지금도 자폭설, 자작극설 같은 황당한 주장이 횡행하고 있습니다. 심지어 "'스라엘 잠수함이 훈련 중에 오인 사격했다'는 터무니없는 이야기까지 퍼지고 있지요. 이런 허위설들은 주사파 잔존 세력에 의해 계속 재생산되고 있습니다. 문제는, 아직도 많은 국민들이 이 허위설을 믿고 있다는 겁니다. 그로 인해 천안함 46용사들과 희생자 가족들은 여전혀 피눈물을 흘리고 있습니다. 북한이 그러는 것은 그렇다 치더라도, 국내에서조차 이런 모욕을 당하고 있다는 건 너무나 가슴 아픈 일입니다.

안 작가 그분들은 열사, 의사로 대우받아야 마땅한데, 외려 자폭설 같은 황당한 유언비어가 떠돈다는 현실이 정말 안타깝습니다. 국민의 한사람으로 화도 나구요.

김 대표 문재인 전 대통령이 대전 국립현충원에 갔을 때 기억나시죠? 천안함 희생자 중 한 명의 어머니였던 김청자 여사가 백발이 성성한 모습으로 문 대통령의 손을 붙잡고 울부짖었습니다.

"대통령님, 그러시지 마세요. 이건 북한 소행입니다."

김 여사는 국가로부터 받은 보상금 전액을 해군에 기부해 아홉 척의 함정에 기관총을 장착하게 했습니다. 아들의 죽음이 헛되지 않기를 바라는 마음에서였습니다. 또 어떤 유가족은 천안함 근처에서 식당을 하며 평생 아들을 추억하며 살고 있습니다. 그런데 아직도 천안함 사건을 자작극이라고 떠드는 일부 방송인들이 있고, 그걸 믿는 사람들이 있다는 게 현실입니다.

이제 민주당 내부에서도 그건 북한 소행이라는 것을 인정해야 한다는 목소리가 나오고 있지만, 유족들에게는 이미 많은 상처로 남았습니다.

사실 우리도 잘못은 있습니다. NLL 경계태세를 제대로 유지하지 못했거든요.

　천안함 사건이 발생한 3월 26일, 서해에서는 한미 해상 훈련이 진행 중이었습니다. 2월까지는 북쪽의 서해안이 얼어있어서 북한 함정의 이동이 불가능했지만, 3월이 되면서 상황이 달라졌습니다. 북한은 이 틈을 노려 해주 잠수함 기지에서 잠수정을 출항시켰고, 천안함이 이를 탐지하지 못했습니다.

　그날 우리는 경계 태세를 풀고 장병들을 휴가 보낸 상태였습니다. 한미 해상훈련 발표로 오히려 해상 움직임이 노출되었고, 북한은 그걸 기회로 삼았습니다. 천안함은 예전 연평해전의 기억이 있는 배였고, 북한 입장에서는 복수의 대상이었죠. 결국 3월 26일, 잠수정이 천안함을 기습 공격해 폭침시킨 것입니다.

　초계기가 순찰을 돌고 있었더라면, 또 사건 직후 합참이나 해군사령부가 즉각적으로 대응했더라면 결과가 달라졌을지도 모릅니다. 하지만 초동 대응이 늦어졌고, 밤새 상황을 제대로 파악하지 못했습니다.

　결국 이 사건은 우리도 안보에 대해 깊이 반성해야 할 문제로 드러났습니다. 천안함 사건은 단순한 사고가 아니라, 북한의 기습 공격으로 인한 참사였던 겁니다. 그리고 이를 두고 지금까지 자작극 운운하는 것은, 46 용사와 그 가족에 대한 또 다른 모욕입니다.

강 PD 천안함 문제를 되새기면서, 동시에 주사파 문제, 그리고 북한과의 안보 상황을 다시 생각해야 할 때입니다. 김문수 장관은 이 상황을 어떻게 보고 계신가요?

김 대표 김문수 장관은 천안함 사건이 북한 소행이라는 점을 명확히 인정하고 있습니다. 그리고 무엇보다 국가 안보를 철저히 지켜야 한다는 생각을 가지고 있습니다.

더불어 천안함 46용사와 고 한주호 준위는 대한민국을 지키기 위해 희생한 영웅들이라고 강조합니다.

그럼에도 불구하고 아직도 음모론이 횡행하고, 진실을 왜곡하는 세력들이 있다는 것을 매우 안타깝게 여기고 있습니다.

안 작가 당시 정부의 초기 대응에도 문제가 있었다는 지적이 있던대요?

김 대표 맞습니다. 인정할 건 해야죠. 사건 직후 군의 초기 대응이 부실했고, 보고 체계에도 문제가 있었습니다.

그로 인해 국민적 의혹이 커졌고, 그 틈을 타서 주사파 세력이나 음모론자들이 왜곡된 정보를 무작위로 퍼뜨렸습니다.

하지만 최종적으로는 국제 전문가들이 공동 조사한 결과, 북한의 어뢰 공격으로 결론이 났습니다. 이 점은 변함없는 사실입니다.

천 배우 그럼에도 불구하고 아직도 천안함 음모론을 믿는 사람들이 많은 건 참 안타깝네요.

김 대표 그렇죠. 천안함 사건은 '대한민국 자유민주주의 체제를 지키기 위한 희생'이었다는 사실을 분명히 인식해야 합니다.

신영복 사상과 한국 사회에 미친 영향에 대한 평가

천 배우 결국 신영복 선생의 사상이 한국 사회에 끼친 영향도 상당했던 것 같아요.

김 대표 신영복 선생은 말 그대로 한국 사회에 엄청난 감성적 영향을 끼쳤습니다.

"처음처럼", "더불어" 같은 말들은 다들 좋은 말이잖아요. 문제는 그 감성의 뿌리에 김일성 주체사상 같은 이념이 깔려 있었다는 거죠.

강 PD 그럼 그 감성에만 끌려가다 보면, 본질을 잘못 이해할 수도 있겠네요.

김 대표 김문수 장관이 늘 강조하는 것도 그겁니다.

'사람이 먼저다' 같은 말이 아무리 감성적으로 멋져 보여도, 그것이 어떤 철학과 현실을 기반으로 한 말인지를 따져봐야 한다는 거죠.

안 작가 그래서 김문수 장관은 신영복 선생을 작가로, 인간적으로는 존경하면서 사상적으로는 단호히 거부한 거군요.

김 대표 김문수 장관은 이렇게 말합니다. '신영복 선생은 천재였고, 존경할 만한 선배였지만, 끝내 잘못된 길에서 빠져나오지 못했다.' 그런 안타까움과 존경이 복합적으로 섞여 있는 거죠.

천 배우 한 인간에 대한 복합적인 감정이 느껴지네요. 순수했지만 끝내 벗어나지 못한 비극 같은.

김 대표 신영복 선생은 마지막까지 전향하지 않았다는걸 잊으면 안돼요. 그의 사상은 지금도 정치권, 문화예술계, 젊은 세대까지 넓게 퍼져 있어요. 어떤 면에서는 여전히 한국 사회를 조용히 흔들고 있다고 볼 수 있습니다.

강 PD 그래서 김문수 장관이 신념을 꺾지 않고, 일관되게 "신영복은 공산주의자였다"고 지적하는 거군요.

김 대표 정확합니다. 그것이 김문수 장관이 살아온 길과, 지금도 그 길을 가고 있는 이유입니다.

자기가 굳게 믿고 있는 자유민주주의를 지키기 위해 변함없이 싸우는 거죠.

김문수와 자유민주주의 수호

안 작가 현재 상황에서 김문수 장관은 어떤 방향을 제시하고 계신가요?

김 대표 김문수 장관의 생각은 아주 명확합니다.

한마디로, 자유민주주의를 지켜야 한다는 것입니다.

그 구체적인 방향은 세 가지입니다.

첫째, 한미동맹을 강화해야 한다는 것입니다. 대한민국은 자유진영의 일원입니다. 미국과의 안보 협력을 더욱 단단히 하고, 국방과 외교에서 확실한 연대를 구축해야 합니다. 김문수 장관은 우리나라가 자유진영 국가들과 함께 해야만 안보와 번영이 가능하다고 봅니다. 이승만, 박정희의 철학을 이어가겠다는 겁니다.

둘째, 주사파 잔재를 철저히 청산해야 합니다.

국정원과 경찰 등 국가기관이 주사파 및 간첩 세력을 감시하고 단속하는 본연의 임무를 제대로 수행해야 합니다. 김문수 장관은 "국가의 적은 내부에 있다"는 경각심을 잃지 말아야 한다고 강조합니다.

셋째, 자유민주주의 체제를 확고히 수호해야 합니다.

포퓰리즘이나 감성 정치에 휘둘리지 않고, 대한민국 헌법이 지향하는 자유민주주의 가치를 끝까지 지켜야 한다는 것입니다. 정치는 순간적인 인기나 감성에 따라 움직여서는 안 되고, 국가의 미래를 내다보고 굳건하게 가야 한다는 신념을 가지고 있습니다.

천 배우 김문수 장관처럼 과거를 인정하고 전향한 인물들이야말로, 지금 이 시대에 정말 필요한 것 같아요.

김 대표 김문수 장관은 그냥 과거를 부정하는 것이 아니라, 과거의 실패를 깊이 성찰하고 거기서 교훈을 얻은 사람입니다. 자신이 직접 경험하고 몸으로 부딪혀 깨달은 만큼, 자유민주주의를 지키려는 그 의지는 단순한 이념이 아니라 삶의 확신입니다.

강 PD 김문수 장관처럼 과거를 전향한 인물들이 더 있다고 들었습니다. 대표적으로 누가 있을까요?

김 대표 대표적으로 박종운과 김영환 두 사람이 있습니다. 박종운은 서울대 사회학과 출신으로, 주사파 운동권의 핵심이었습니다.

1987년, 서울대 후배였던 박종철 고문 치사 사건의 배경에는 박종운이 있었습니다. 경찰이 박종운을 체포하기기 위해 후배인 박종철을 잡아 박종운의 행방을 추궁했어요. 하지만 입을 열지 않자 남영동 대공분실로 데려가 물고문을 해서 죽게 되죠. 박종운은 자신 때문에 후배인 종철이가

죽었다는 죄책감으로 깊은 마음의 상처를 입었고, 이후 전향하여 자유민주주의를 지키는 길을 걷기 시작했습니다. 특히 김문수 장관이 고용노동부 장관으로 재직할 때 박종운을 정책보좌관으로 발탁한 것은, 이 전향에 대한 신뢰와 상징적 의미를 보여줍니다.

천 배우 그런 분들이 전향을 결심한다는 건 정말 쉽지 않았을 것 같아요.

김 대표 당시 운동권 문화는 전향자들에게 배척과 모욕을 일삼았습니다. 전향자는 '배신자', '변절자'로 낙인 찍혔고, 인사도 하지 않았으며 같은 식당에서 식사도 하지 않는 등 철저히 따돌렸습니다. 지금도 민노총이 들어가 있는 언론계나 사업장에서는 노조에 가입하지 않으면 같은 상황입니다. MBC 사태 때 보지 않았습니까? 노조에 가입하지 않았다고 아나운서나 기자들을 창고에 몰아넣고 엉뚱한 업무를 시키는 등 주업무에서 완전히 배제시키는 행위가 이런 데서 다 기인하죠.

안 작가 이렇게 전향한 인물들 중에서 대표적인 분들은 누가 있을까요?

김 대표 보세요. 김문수 장관, 박종운, 김영환 같은 분들은 한때는 운동권과 주사파의 중심에 있었지만 직접 보고, 듣고, 체험한 끝에 스스로 깨달은 사람들입니다. 이들은 단순히 사상이 바뀐 게 아니라, 자유와 인권, 민주주의를 지키기 위해 인생 전체를 다시 쓰는 용기를 보여준 사람들이죠.

강 PD 요즘 같은 시대에 더욱 소중한 분들이네요.

김 대표 이런 상황에서 과거를 딛고 대한민국을 진심으로 지키려는 지도자가 많이 있고요, 그 중심에 김문수 장관이 있는 거죠.

20년 앞을 내다 본 결단, GTX

천 배우 김문수 장관은 박근혜 대통령 탄핵 이후에도 탄핵이 부당했다고 분명히 말했죠?

김 대표 김문수 장관은 과거 박근혜 대통령과 치열하게 경쟁한 적도 있는 인물이에요. 특히 대선 경선 때, 박근혜 후보를 향해 '독재자의 딸'이라며 거센 비판을 했죠.

그런데 탄핵이 터졌을 때는 전혀 다른 모습을 보였습니다.

"정치적 경쟁은 경쟁이고, 잘못된 일은 잘못된 일이다."

이게 바로 김문수 장관의 신념이니까요.

박근혜 대통령이 억울하게 몰린 상황을 보고, 정치적 유불리를 따지지 않고 '탄핵은 부당하다' 고 공개적으로 밝혔습니다. 당시 대세는 박근혜 대통령을 비판하는 쪽이었기 때문에, 이건 굉장히 큰 결단이었어요. 쉽게 말해, '이길 편'에 선 게 아니라, '옳은 편'에 선 겁니다.

강 PD 김문수 장관은 강한 결단력과 함께, 때로는 유연한 태도를 보이기도 한 것 같습니다. 실제로 이런 유연성과 결단력을 어떻게 결합하시면서 위기를 극복해 나가신 걸까요? 특히, 과거 여러 위기 상황에서 보여주셨던 유연성이 정말 인상 깊었습니다.

김 대표 김문수 장관은 결단력과 유연성을 동시에 갖춘 사람입니다. 그의 유연성은 단순히 사람들과 타협하는 것이 아닙니다. 그는 상황에 맞게 전략적으로 대응할 줄 아는 능력을 가지고 있습니다.

경기도지사 시절에도 현장 중심의 접근을 중요시했습니다. 현장에서 문제를 보고, 사람들의 목소리를 직접 들으면서 그에 맞는 해결책을 제시하는 방식이었죠.

그는 강력한 결단력을 통해 위기를 돌파할 수 있는 지도자였습니다. 하지만 동시에 민주적 토론을 통해 다양한 의견을 수용하는 유연함도 가지고 있습니다.

이런 상호 보완적인 능력이 그의 큰 장점이죠. 이런 면이 김문수 장관을 특별하게 만드는 요소라고 생각합니다.

안 작가 그렇다면 장관이 구체적인 결단을 내려야 했던 과거의 순간에 어떤 결단을 내렸는지 궁금합니다.

김 대표 김문수 장관의 결단력이 돋보였던 순간 중 하나는 경기도지사 시절의 GTX 사업입니다.

그때 경기도에는 다양한 의견이 있었습니다. 찬성하는 사람도 많고 시기상조라고 극단적으로 반대하는 사람도 있었습니다. 특히 경기도 수원을 중심으로한 민주당의원들이 격렬하게 반대했습니다. 그렇지만 김문수 장관은 뚝심있게 밀어붙였죠. 마치 박정희 대통령이 경부고속도로를 건설했을 때와 같은 추진력을 보인거죠. 지금 보시면 동탄에서 수서까지 20분도 안 걸려요. 최고 속도가 200KM죠. 파주 운정에서 서울역까지 몇 군데 거쳐 오는데도 20분이면 도착합니다. 앞으로 몇 년 후면 부산, 대구, 대전, 광주 지역 시민들도 GTX를 이용하게 되지 않을까요? 그렇다면 그곳도 수도권과 같은 혜택을 볼 수가 있죠. 이건 그야말로 혁명입니다. 교통혁명.

안 작가 그때 김문수 장관이 밀어붙인덕에 제가 GTX 혜택을 톡톡히 누리고 있습니다. 운정에서 출발해 서울역으로 가려면 넉넉하게 2시간을 잡고 출발했거든요, 지하철 타고 이동하는 시간만 42분이니까요. 지금은 더도덜도 아니고 딱 20분이면 충분합니다. 서울로 소풍 가듯 쉽게 다닐 수 있어서 정말 감사하게 생각하고 있어요. 이렇게 시민들이 실제로 겪는 문제에 대해 장기적인 비전과 즉각적인 결단을 동시에 할 수 있다는 점이 김문수 장관의 강점인 것 같습니다.

김 대표 이런 걸 보면 분명하죠. 김문수 장관은 항상 대국적인 시각을 가지고 있어요. 당시 이명박 서울시장과 김문수 경기도지사가 협력해서 지하철과 버스의 환승정책을 만들낸 거잖아요. 시민들의 불편을 단번에 해결한 거죠. 특히 경기도 사람들 대부분이 먹고 살기 위해 서울로 출퇴근하잖아요. 그래서 경기도민들이 그 덕을 톡톡히 본거죠.

천 배우 그렇다면 김문수 장관이 보여준 유연성은 어떤 방식으로 드러났을까요?

김 대표 김문수 장관은 정책 결정에 있어 항상 열려 있는 태도를 가지고 있습니다.

그는 단기적인 성과보다는 장기적인 비전을 설정하고, 그 비전을 현실로 만드는 과정에서 다양한 목소리를 수렴하려고 합니다.

경기도지사 시절에도 공무원들과의 대화를 지속적으로 이어갔고, 노동자들의 아픔을 깊이 이해하려 했습니다. 그의 유연한 리더십은 실질적인 문제 해결에 항상 초점을 맞췄어요. 택시문제를 해결하기 위해 택시를 자주 타보고, 택시 운전도 해보고. 나중에는 택시기사들이 사납금을 맞추는 것도 힘들다는 것을 알고 자녀들을 위한 수십억의 장학금을 마련했죠 아마.

안 작가 김문수 장관 주변에는 많은 사람들이 있어요. 때문에 일부 몇 사람에 대해서는 부정적인 시선이 있으리라 짐작됩니다.

특히 전광훈 목사와의 관계를 궁금해하는 사람들이 많습니다. 이에 대해 어떻게 보시나요?

김 대표 좋은 질문입니다. 아주 핵심을 찔렀어요. 김문수 장관은 종교적 변화가 좀 있습니다.

처음에는 종교가 없었고, 나중에 천주교 신자가 됐다가

지금은 개신교 교회를 다니고 계시죠. 그러면서 종교에 대한 이해가 깊어졌습니다.

전광훈 목사와 가깝게 보이는 이유도 거기에 있습니다. 탄핵 이후, 광화문 광장에서 국민들의 찢긴 마음을 어루만지고, '박근혜 대통령 탄핵은 부당했다'는 목소리를 낸 유일한 사람이 전광훈 목사거든요. 다들 움츠러들었을 때, 혼자 광장에 섰으니까요.

김문수 장관은 그런 전광훈 목사의 공을 인정합니다. 그러나 전광훈 목사의 철학이나 방법론에는 동의하지 않습니다. 쉽게 말해, 공은 공대로 인정하고 선을 넘은 부분은 냉정하게 본다는 거죠.

천 배우 그렇다면 이승만 대통령에 대한 존경심과도 연결되는 부분이 있나요?

김 대표 그렇다고 봐야겠죠? 사실 전광훈 목사도 이승만 대통령을 거의 '신적인 존재'처럼 존경합니다.

김문수 장관 역시 이승만 대통령을 매우 깊이 존경합니다. 이승만 대통령은 동양인 최초로 조지워싱턴대 학사, 하버드대에서 석사, 프린스턴대 박사까지 최단기간에 학위를 취득한 천재였습니다.

지금도 세계적으로 보기 힘든 학벌을 가졌던 인물이죠. 그리고 무엇보다 미국에서 기독교 신앙을 철저히 받아들였고, 대한민국 건국의 기초를 '자유'와 '신앙' 위에 세운 인물입니다.

　여기서 재밌는 일화가 있습니다. 이승만 대통령이 일제 강점 때 한성감옥에 갇혔을 때, 선교사들이 그를 살리기 위해 고종 황제를 설득해서 사형을 면하게 했다는 얘기 아십니까? 5년 7개월 동안 감옥에 있다가 나와서는 미국 유학을 갔고, 미국에서도 '일본이 언젠가 미국을 공격할 것'이라고 책을 썼어요. 그걸 사람들이 미친 소리라고 했는데, 1년도 안 돼서 일본이 진주만을 기습했죠. 그러니까 이승만 대통령은 미래를 내다보는 선각자였던 거죠.

　김문수 장관도 그런 이승만의 선견지명과 신앙심을 존경합니다. 그 점에서 전광훈 목사의 '이승만 신앙'을 이해는 하지만, 전광훈 목사 본인의 행동까지 동조하지는 않는 겁니다.

　안 작가 그렇군요. 국민들의 상처를 달래준 부분에 대해서는 공을 인정하되, 노선 자체에 동의하는 것은 아니라는 거죠?

　김 대표 김문수 장관을 보세요. 기본적으로 행동하는 사람입니다. 공은 공대로 인정하지만, 자신의 철학과 신념에 따라 판단합니다.

　실제로 김문수 장관은 광화문 집회에 몇 번 모습을 드러냈지만 아스팔트 정치에 빠져들지는 않았잖아요. 현장에서 국민들의 절박함을 들으려던 거지, 자기 정치 생명을 걸려고 간 게 아니니까요.

전광훈 목사가 집회를 하던 시절, 김문수 장관이 그 자리에 있으면 사람들이 막 몰려와서 같이 사진 찍으려 하고, 마치 같은 진영 사람인 것처럼 오해할 때가 있었어요. 그때마다 김문수 장관은 '저는 여기서 의견을 듣고, 민심을 보는 겁니다. 제 입장은 따로 있습니다.' 이렇렇게 선을 그었습니다.

같은 광장에 서 있지만, 마음의 거리는 분명히 유지했던 거죠.

5부

김문수가 꿈꾸는 제2의 경제기적

구마모토현에 경제 기적을 가져다 준 대만의 반도체 기업 TSMC를 취재 중인 김재철 기자

구마모토 시내에 있는 이나리 신사(이나리는 풍년을 상징하는 일본어)

기업이 다 외국으로 가면…?

천 배우 지금 경제가 살아야 김문수 장관도 살고, 나라가 사는 것 같습니다. 결국 경제가 살아야 모든 게 가능하겠죠.

강 PD 지금 정치적으로도 도저히 이해할 수 없는 일들이 벌어지고 있잖아요.

그런 현실 속에서 국민들은 김문수 장관한테 기대를 걸고 있다고 생각합니다.

첫째는, 이 정치적 혼란을 안정시키는 것.

둘째는, 경제를 다시 일으키는 거겠죠.

김문수 장관은 경기도지사를 두 번이나 안정적으로 이끈 경험도 있으니, 개인적으로 기대하고 있습니다. 또 회의적인 시선을 보내는 사람도 많습니다. 과연 이 경제 문제를 어떻게 풀어나갈 수 있을지 듣고 싶습니다.

김 대표 김문수 장관 하면 노동운동을 했던 분으로 많이 알려져 있지요. 국회의원을 세 번, 12년을 했고, 경기도지사를 두 번 지내셨지요.

여기에 노사정위원장, 고용노동부장관까지 공직 생활을 모두 합치면 거의 23년 되죠?

그런데도 사람들은 과연 김문수 장관이 지금 같은 경제 위기를 해결할 수 있을까, 의심하는 시선이 있습니다. 저는 확신합니다. 김문수 장관이라면 해낼 수 있습니다.

김문수 장관은 노동운동을 하며 근로자로서 현장의 밑바닥을 경험하지 않았습니까. 노동자들의 삶을 몸으로 겪었고, 국회 환경노동위원회에서도 오랫동안 활동했습니다.

노사를 이해하는 데 노동만 연구해서는 안 됩니다. 경영자도 함께 연구해야 합니다. 회사는 노동자와 사용자가 함께 만들어가는 거니까요. KBS도, MBC도, 어떤 조직이든 그렇습니다.

김문수 장관은 노사 문제를 누구보다 잘 알고 있습니다. 그리고 무엇보다 선택과 집중을 할 줄 아는 사람입니다.

최근 기상캐스터 고 오요안나 사건에서 김장관이 보인 행보는 약자에 대한 변하지 않은 관심사입니다. 지금 우리 경제에서 가장 중요한 건 자동차와 반도체입니다. 특히 자동차 문제부터 살펴봐야 합니다.

안 작가 현대자동차가 해외로 투자를 늘리면서 국내 산업에 미치는 영향이 걱정됩니다.

특히 현대제철이 당진 공장을 가동 중단한 것과 같은 사태가 앞으로 더 확산되지 않을까 우려되는데요.

김 대표 현대자동차 정의선 회장이 미국에 31조 원을 투자하겠다고 발표했습니다. 이 선언을 한 건, 한국 기업 입장에서 보면 정말 큰일입니다. 당연히 국내 생산은 줄어들 겁니다. 현대자동차의 국내 근로자 중 25% 정도가 감축될 것이라 예상합니다. 그 가족들까지 생각하면, 지역 경제가 휘청거릴 수 밖에 없습니다.

트럼프 대통령 입장에서는, 미국 경제가 죽어가니 당연한 결정이었죠.

트럼프는 '한국이나 중국, 일본 같은 우방국들에게 너무 퍼줬다'고 판단했습니다. 그래서 다시 미국 중심으로 가야 한다고 주장했어요.

미국 국민들 입장에서는 두 손 들어 환영한 판단이었습니다. 하지만 우리는 다릅니다. 수출이 안 되면 당장 생존이 어려운 나라잖아요. 일본처럼 국토가 넓고 자원이 풍부한 것도 아닙니다. 그것뿐 아니예요. 현대자동차의 계열사인 현대제철, 당진 공장은 아예 문을 닫았습니다.

전면 가동 중단한 것입니다. 충남 당진 같은 곳은 인구가 17만 정도인데, 현대제철 같은 대기업이 들어오면서 도시가 살아났던 곳입니다. 기업이 하나 들어오면 도시 전체가 살아납니다.

아산이 왜 떴습니까? 충남 아산은 이순신 장군이 태어난 곳이지만, 오늘날 성장한 건 삼성이 들어 섰기 때문입니다. 삼성 반도체가 들어가면서 아산은 '기업 도시'가 됐습니다.

천 배우 부신도 예외가 아니죠. 기업들이 빠져나가면서 완전히 양상이 달라졌어요.

김 대표 맞습니다. 부산이 대표적인 사례입니다.

기업이 빠져나가면서 부산 사람들은 양산이나 김해로 이동합니다. 오히려 부산에서 타도시로 출근하는 기현상이 벌어지고 있는 거지요. 부산 영도는 조선업으로 활기찼던 동네였지만 지금은 초토화 상탭니다.

현대차가 미국에 투자하고, 현대제철이 당진에서 철수하고, 이런 흐름이 이어진다면 지역경제는 더 어려워질 수밖에 없습니다. 실제로 지난 4월에는 대미 수출이 14%가량 감소했고요, 무역적자가 1억달러에 달했습니다. 참으로 큰 일입니다.

안 작가 말씀하신 것처럼 지금 경제 위기에 대한 우려가 참 많은데요. 앞으로 이 상황은 어떻게 될까요?

김 대표 지금 현실을 냉정하게 봐야 합니다.

특히 이재명 후보가 대통령이 되면, '현금 복지'에 크게 의존할 가능성이 있습니다. '당장 100만 원, 200만 원, 300만 원 받으면 좋지 않냐' 하고 생각할 수 있죠.

하지만 문제는 그 다음입니다. 베네수엘라, 아르헨티나를 보십시오. 처음엔 다들 '국민 행복', '복지 확대'를 외쳤지만, 결국 돈이 바닥나면서 나라 전체가 무너졌습니다.

지금 아르헨티나는 물가가 하루에도 몇 번씩 오르고, 국민 절반이 빈민층이에요.

　　김문수 장관은 이런 포퓰리즘을 철저히 경계합니다. 당장의 인기나 표를 얻기 위해 나라의 기반을 허물어선 안 된다는 신념이 아주 강합니다.

　　천 배우 듣고 보니, 김문수 장관은 복지에도 남다른 철학이 있군요.

　　그런데 지금은 오히려 그런 많은 업적이 제대로 평가받지 못하는 것 같아 아쉽습니다.

　　김 대표 안타까운 일이죠. 김문수 장관은 경기도지사 시절, 결식 아동 지원과 무상 급식 도입을 전국 최초로 앞장서서 시행했습니다. 무상 급식 예산을 놓고 도의회와 엄청난 갈등이 있었죠. 당시 야당이 '포퓰리즘'이라고 몰아붙였지만, 김문수 장관은 '아이들이 배고파 학교에 못 가는 건 나라가 부끄러운 일'이라며 강하게 밀어붙였습니다.

　　그 결과, 지금 우리 아이들은 따뜻한 밥을 학교에서 당연히 먹을 수 있게 된 거죠.

　　지금은 당연한 것처럼 여겨지는 제도들도, 그때는 김문수 장관이 엄청난 비판을 견디며 하나하나 만들어낸 겁니다. 그 사건 이후 도지사 시절 별명이 '김결식'이라고 불렸던 적도 있습니다.

　　그리고 노동자 복지 지원 확대와 탈북자 지원에 누구보다 앞장섰습니다. 하지만 정치란 늘 그런 거죠. 눈에 보이는 성과보다, 순간의 이슈에 가려 공로가 평가질하되기 쉽습니다. 역사는 공과를 함께 봐야 합니다.

박정희 대통령도 경부고속도로를 놓으며 경제 성장을 이끌었지만, 독재라는 과를 안고 갔습니다.

이승만 대통령도 대한민국을 세웠지만, 3·15 부정선거로 쫓겨났습니다. 김대중, 김영삼 대통령 역시 민주화의 공로와 경제적 실책이 모두 있습니다.

김문수 장관도 마찬가지입니다.

서민과 약자를 위해 수많은 일을 했고, 때로는 비판을 감수했습니다.

지도자의 길이란 원래가 외로운 법입니다.

딱 2년 걸린 TSMC 구마모토 공장

강 PD 반도체, 자동차, 조선업 모두 한국 경제를 떠받치는 중추 산업인데 요즘 현실을 보면 너무 심각하잖아요. 특히 반도체는 우리가 살아남을 수 있는 마지막 보루인데…

지금 상황을 보면 진짜 걱정이 큽니다.

김 대표 지금 반도체는 대한민국 미래를 좌우할 만큼 중요한 산업입니다. 삼성전자가 세계 반도체 시장에서 점유율 20%를 넘긴 건 정말 대단한 성과죠.

그런데 문제는, 세계 반도체 판이 엄청 빠르게 변하고 있다는 거예요. 우리나라는 아직도 반도체 클러스터를 제대로 못 세우고 있잖아요.

TSMC는 일본 구마모토에 공장을 세웠어요. 딱 2년 만에 가동을 시작했습니다. 그런데 우리는 용인 반도체 클러스터를 계획하고 7년이 흘렀지만 아직 첫 삽을 뜨지도 못했어요.

천 배우 이런 상황이면, 아무리 기술력이 좋아도 결국 경쟁에서 밀릴 수밖에 없겠네요.

김 대표 반도체는 속도가 생명입니다. 지금처럼 머뭇거리

다간 일본, 미국, 대만에 확 밀려버릴 겁니다.

제가 구마모토에 친구가 있어요. 구마모토 현 의장을 했던 아라키상입니다. 그래서 구마모토에 자주 갔죠 10번은 돼요. TSMC가 그곳에 공장 부지를 정하고 2년 만에 건물을 다 올렸어요. 올 1월부터는 생산을 시작했구요. 구마모토의 아소산 일대에서 나오는 물이 반도체 제조에 딱 좋다고 해요. 불순물이 거의 없어서 깨끗하고.

하지만, 우리는 계획만 하고 아직 땅 고르기도 못한 상황이에요. 계속 이렇게 지지부진한 상황이 계속된다면 우리나라의 반도체 미래는 영원히 사라질지도 모릅니다.

안 작가 조선업은 좀 살아나고 있다는 얘기도 있던대요?

김 대표 네, 현대중공업, 대우조선, 삼성중공업 다 수주는 잘 되고 있어요. 근데 문제는, 일할 사람이 없다는 겁니다. 외국인 근로자들을 데려다 겨우 진행하고 있답니다.

왜 그런지 아세요? 주 52시간제 때문입니다.

원래 하청업체 직원들은 원청보다 연봉이 반도 못 미칩니다. 그러니까 '일 더 하게 해달라'고 스스로 얘기하는데, 사장이 그걸 허용하면 구속될 수도 있어요. 노동법 위반이라고.

결국 어떻게 되느냐? 외국인 근로자들이 그 빈자리를 메우는 거예요. 우리 근로자들은 더 하고 싶어도 할 수 없는 구조가 돼버렸습니다.

강 PD 진짜 현장 상황은 생각보다 훨씬 심각하네요...

김 대표 그렇죠. 거제, 울산 다 똑같아요. 하청업체 사장들도 미치고 환장합니다. 일 더 하겠다는 사람은 많은데, 법이 막으니까 못 시켜요.

이러니 생산성이 떨어지고, 결국 경제 전체가 약해지는 겁니다.

천 배우 그런데 이런 암울한 상황에서 김문수 장관은 어떤 해법을 제시하실 수 있을까요?

김 대표 김문수 장관은 누구보다 현장을 잘 아는 사람입니다. 청계천 판자촌에서 노동운동하면서 밑바닥부터 시작한 사람이잖아요. 노동자의 고충도 알고, 사용자의 입장도 이해하는 사람입니다.

그래서 지금 같은 위기 상황에서 노사 간 갈등을 조정하고, 경제를 살리는 방향으로 유연하게 답을 찾을 수 있는 리더라고 봅니다.

실제로 장관은 주 52시간제에 대해서도 **'총량은 지키되, 탄력적으로 운영해야 한다'**는 입장을 갖고 있어요. 필요할 때는 좀 더 일하고, 대신 다른 날은 조금 적게 일하는 거죠.

현장에 맞게 유연하게 풀자는 겁니다. 지금 경제 상황은 책상머리 논리로는 절대 못 풀어요. 현장을 아는 지도자가 직접 가서 보고 듣고 해결해야 합니다.

김문수 장관의 경제 해법
: 현장을 아는 지도자

안 작가 김문수 장관은 노동운동을 하셨고, 정치인으로서도 현장을 잘 아시는 분인데요. 현재의 경제 위기를 해결하기 위한 해법을 어떻게 제시할 수 있을까요? 그 현장 경험이 중요한 역할을 할 것 같네요.

김 대표 김문수 장관은 현장 경험이 매우 풍부한 사람입니다. 그가 지금까지 겪어온 다양한 경험들이 그를 더욱 독특한 지도자로 만들었습니다. 현장에서는 이론보다는 실제 상황을 직시하고, 그 속에서 실용적인 해법을 찾는 것이 중요하죠.

장관은 노동운동가로 시작했지만, 공직자로서도 정말 다양한 현장을 경험했습니다. 경기도지사를 할 때도, 현장의 목소리를 직접 듣고 그것을 정책에 반영했습니다.

단순히 책상에서 정책을 논하는 것이 아니라, 실제로 현장을 돌며 해결책을 찾으셨습니다. 그래서 지금의 경제 위기 상황에서도, 현장의 목소리를 듣고 그에 맞는 실질적인 방안을 제시할 수 있는 능력이 충분하다고 봅니다.

천 배우 그렇다면 김문수 장관의 경제 해법은 실용적이고, 현장 중심의 접근이 강할 것 같네요. 그가 제시할 방안에 대한 구체적인 사례나 방향은 어떻게 될까요?

김 대표 김문수 장관은 언제나 선택과 집중을 강조했습니다. 현재의 경제 상황에서 가장 중요한 산업을 살리고, 그 산업을 중심으로 경제를 재건하는 게 핵심이죠.

지금 한국 경제의 주력 산업은 반도체, 자동차, 조선업입니다. 이 세 가지 산업을 중점적으로 살리기 위해서 단기적인 재정적 지원과 함께, 근본적인 구조 개혁을 병행해야 한다고 생각하실 겁니다.

예를 들어, 반도체 산업에 대해서는 TSMC와 경쟁할 수 있도록, 반도체 클러스터를 신속히 착공하고, 인프라를 지원하는 정책이 필요합니다.

자동차 산업 역시, 노사 관계를 안정시키고, 전 세계적인 전기차, 자율주행차 산업으로의 전환을 준비해야 합니다.

조선업은 새로운 시장 개척과 혁신적인 기술을 도입하는 방식으로 재기할 수 있을 것입니다.

김문수 장관은 그간의 공직 경험을 바탕으로, 현장 중심의 경제 재건 방안을 제시할 수 있습니다. 그리고 그 해법은 실제로 현장에서 성과가 나야 의미가 있는 것이죠.

단순히 '이론적 해법'에 그치는 것이 아니라, 실질적으로 사람들의 삶에 영향을 미치는 정책을 제시할 것입니다.

생산성이 높아야 더 주지

안 작가 현재 한국 경제가 기업 붕괴와 경제 위기라는 큰 도전에 직면해 있는 것 같습니다. 그렇다면, 김문수 장관은 이 상황을 어떻게 보고 있을까요? 또, 이 문제를 해결하기 위한 해법은 무엇이라고 보십니까?

김 대표 아주 중요한 질문입니다. 김문수 장관은 기업 붕괴가 바로 국가 위기로 직결된다고 깊이 우려하고 있어요. 기업이 무너지면 국민 경제가 곧바로 영향을 받으니까. 대기업부터 중소기업까지, 한국 경제를 떠받치는 주축 기업들이 무너지면 소득 분배, 일자리 다 흔들립니다.

특히 요즘 현대제철, 현대차, GM 이런 데 상황을 보세요. GM은 벌써 군산공장 닫고 나갔죠. 그 작은 군산에서 실업자가 1만 명씩 생겼습니다. 산업은행 돈, 결국 국민 세금 투입해서 간신히 붙잡아놨는데, 2028년 계약이 끝나면 철수할 가능성 크다고 봐야죠.

천 배우 그렇다면 기업 붕괴를 막으려면 정부의 역할이 정말 중요하겠네요.

김문수 장관은 정부와 기업 간 협력을 강조하십니까?

김 대표 김문수 장관은 기업이 경쟁력을 잃었을 때, 정부가 정책적 지원을 해서 보호하고 산업 구조를 근본적으로 개선해야 한다는 입장을 지속적으로 밝혀왔어요. 특히 중소기업 같은 경우, 세계 시장에서 버티지 못하면 금방 무너질 수 있잖아요. 그래서 정부와 기업이 서로 믿고 함께 가야 한다고 말하는 겁니다.

강 PD 그럼 구체적으로 어떤 해결책을 생각하고 있을까요?

경제 구조를 안정시키기 위해서는 어떤 방향으로 가야 할까요?

김 대표 산업 구조 개혁을 가장 중요하게 생각합니다.

기술 혁신을 적극 지원하고, 산업을 다변화해서 기업 경쟁력을 높여야 한다고 말합니다. 그리고 규제 완화, 환경 개선 같은 것도 꼭 필요해요. 기업의 숨통이 트이도록 해야 하고, 성장을 통해 일자리를 만들면 나라 경제가 살아나는 거죠.

저는 김문수 장관이 그 해법을 내놓을 거라고 봅니다. 왜냐하면 노동 현장, 밑바닥부터 다 경험한 사람이잖아요. 노동자의 입장도 알고, 사용자의 고충도 잘 알고 있습니다.

천 배우 정말 김문수 장관의 해법이 기대됩니다.

김 대표 이런 현실도 모르고 정책을 짜면 안 됩니다. 정의선 회장도 결국 국내보다 미국이 낫다고 판단했잖아요. 현대차 미국 공장에는 지금 로봇이 다 일하고 있습니다.

문짝 달고, 검수하고, AI가 품질 검사까지 합니다. 그러니까 경쟁력이 확 올라가죠.

반면에 우리는 여전히 노사 갈등, 임금 인상 요구만 하다가 생산성 떨어지고 있습니다.

지금 현대제철도 파업 터지고 난리잖아요.

김문수 장관이 이런 문제의 해법을 내놓을 겁니다.

안 작가 결국 김문수 장관은 청렴성과 일관성을 바탕으로 기업과 노동자 양쪽을 설득할 수 있다는 거군요.

김 대표 그렇습니다. 기업가들이 믿을 수 있는 사람입니다. 왜냐하면, 살아온 게 일관되거든요.

권력이나 돈 욕심도 없습니다. 그런 청렴성과 현장 감각이 있는 사람이기 때문에, 김문수 장관이라면 기업도 살리고, 경제도 다시 일으킬 수 있다고 저는 확신합니다.

강 PD 김문수 장관은 택시운전 자격증을 보유하고, 실제로 택시 운전을 했다고 들었어요. 그런 경험을 통해 민심을 어떻게 읽고 있는지 궁금합니다.

김 대표 김문수 장관은 택시운전을 하면서 직접 민심을 들을 수 있는 기회를 가진 겁니다.

현장의 목소리를 직관적으로 이해하는 중요한 시간으로 작용했겠죠. 얘기를 해 보면 민심을 읽는 독특한 능력이 있는데, 이 능력을 키우는 데 큰 역할을 하지 않았나 싶어요.

장관은 택시 기사가 되어 시민들과 대화를 나누면서, 그들이 겪는 실질적인 어려움과 삶의 문제를 체감했습니다. 이를 통해 단순한 이론적 이해가 아닌, 현장의 아픔과 고통을 느끼고 이를 정책에 반영하려했던 거죠.

천 배우 그렇다면 그런 경험이 정치적 판단이나 정책 결정에 어떤 영향을 미쳤을까요?

김 대표 장관의 민심에 대한 감각은 택시운전 경험을 통해 더욱 날카로워졌습니다.

경기도지사 시절에도, 그는 일선 공무원들과의 소통뿐만 아니라 시민들의 목소리를 직접 듣는 것을 중요시 여겼죠. 택시 기사들이나 서민들의 이야기를 귀 기울여 듣고, 그들의 실질적인 요구와 문제를 해결하기 위해 노력하고.

민주주의의 핵심은 바로 국민의 목소리가 반영되는 것이라고 생각합니다. 일반 시민들이 겪고 있는 문제가 정치와 정책에 반영되지 않으면, 결국 정치인은 민심을 잃는게 당연하지 않습니까?

이렇게 현장에서 민심을 읽고, 정책에 반영하는 것이 바로 김문수 장관이 보여준 유연성과 결단력의 핵심입니다.

안 작가 민심을 정확히 읽고, 이를 반영하는 능력은 정말 중요한 리더십 덕목 중 하나라고 인정합니다.

그렇다면 김문수 장관은 실제 정책 결정 과정에서 민심을 어떻게 반영했나요?

김 대표 김문수 장관은 정책을 세울 때, 민심을 직접 반영합니다.

교통망이나 주거 문제, 산업 구조 개혁 등 여러 정책에서, 그는 정책을 실현하기 위한 구체적인 방법을 찾고, 민심을 그 안에 잘 녹여냈습니다. 예를 들어, GTX 사업을 추진할 때도, 많은 국민들의 불편함을 해결하려는 의지가 있었기 때문입니다.

그는 현장 주의자로서, 민심을 바로 반영하는 정책을 만들 수 있는 실용적인 접근법을 중요시했죠. 따라서 그의 정책이 실제로 현장에 효과를 미친 사례가 많습니다.

6부

With(같이), 청년이 간다

지난 4월 11일 국회 본관 앞에서 열린 연금개혁 청년행동 집회에 참석한 김문수 후보. 함께한 전한길 한국사 강사와 윤상현 의원, 나경원 의원

자영업자, 2년새 200만명 폐업

강 PD 요즘 경제가 정말 어렵습니다. 우크라이나 전쟁 이후 세계 경제가 침체됐고, 여기에 트럼프 대통령이 관세 폭탄까지 터뜨렸잖아요. 대기업은 물론이고, 중소기업, 자영업자들까지 줄줄이 힘든 상황인데요. 이런 현실에서 김문수 장관은 어떤 생각을 갖고 계실까요?

김 대표 네, 맞습니다. 세계 경제 악화에 트럼프 관세까지 겹치면서 우리나라도 직격탄을 맞았죠. 이럴 때일수록 우리 국민들, 서민들에게 깊이 다가갈 수 있는 사람이 필요해요. 택시운전해본 정치인이 얼마나 있겠습니까. 김문수 장관이라면 아마 이렇게 말할 겁니다.

"지금은 혁신 없이는 살아남을 수 없는 시대다."

강 PD 혁신이요?

김 대표 그렇습니다. 대기업도, 중소기업도, 자영업자도 모두 마찬가지예요.

예를 들면 SK하이닉스를 보세요. 한때 삼성전자에 크게 뒤처졌던 회사인데, 혁신을 거듭하면서 지금은 거의 어깨를 나란히 했습니다. 반면 삼성전자는 이재용 회장이 상속 문제로 몇 년간 수사받느라 경영에 집중하지 못했죠. 그런 사이에 SK가 무섭게 따라온 겁니다.

천 배우 결국 혁신을 멈춘 대가네요.

김 대표 맞습니다. 삼성 같은 대기업도 이런데, 중소기업과 자영업자는 더 말할 것도 없습니다. 지금처럼 관세 폭탄을 맞고 인건비 부담까지 커지면, 살아남기 위해 혁신하거나, 아니면 도태되는 수밖에 없어요.

안 작가 요즘 주변 자영업자들 이야기를 들어보면 최저임금 인상 이후 훨씬 더 힘들어졌다고 하더라고요. 편의점이나 카페는 하루 종일 일해도 알바비 주고 나면 주인 손에 남는 게 없다고요. 그래서 아예 문을 닫는 자영업자들이 엄청나구요.

안 작가 맞습니다. 지난해만 해도 100만 명 넘는 자영업자가 폐업했습니다. 주인이 종업원보다 돈을 덜 버는 게 현실이에요. 자영업자 평균 소득이 100만 원이라고 하지 않습니까. 이건 심각한 문제입니다.

천 배우 원인은 결국 최저임금과 주 52시간제 때문이라는 말씀이시군요?

김 대표 그렇습니다. 소득주도성장이라는 이름은 그럴듯했지만, 현실은 달랐어요.

일할 수 있는 사람에게 일할 기회를 주지 않으면, 가족을 책임질 수 없습니다. 과거 우리 아버지 세대는 고생하면서도 자식들을 웃게 만들었는데, 지금은 그런 기회조차 막혀버렸죠.

안 작가 그래서 결국 일을 하고 싶어도 못 하는 구조가 되어버렸군요.

김 대표 네. 그래서 지금 가장 필요한 건 탄력적인 주 52시간제도 입니다. 일할 수 있을 때 일하고, 그 대가를 제대로 받아야 자영업자와 중소기업이 버틸 수 있습니다. 요즘 정치권에서도 이 부분에 대한 논의가 다시 이루어지고 있는데, 방향은 분명합니다.

'혁신을 더 이상 미룰 수 없다.' 이건 김문수 장관뿐 아니라, 우리 모두가 공감해야 할 현실입니다.

강 PD 지금 최저임금 문제가 자영업자들에게 정말 치명적이군요.

김 대표 그렇죠. 최저임금 인상이야말로 자영업자들을 가장 힘들게 했던 직접적인 원인 중 하나입니다.

문재인 정권 때 장하성 정책실장이 주도했던 소득주도성장, 이른바 '소주성'이라는 걸 했는데 말은 좋았지만 현실은 자영업자들을 벼랑 끝으로 몰아넣었어요.

안 작가 그런데 왜 최저임금이 지역별로 다르게 적용될 수는 없는 걸까요?

일본은 도시마다 다르게 적용한다고 들었거든요.

김 대표 좋은 질문입니다. 일본은 동경, 오사카, 후쿠오

카저럼 대도시와 지방 도시 간 최저임금이 다 다릅니다. 지역별 경제 수준과 물가, 노동 시장 상황에 맞춰 유연하게 조정하죠.

그런데 우리는 서울이나 창원이나 대구나 목포나, 죄다 똑같은 기준을 적용합니다. 경제 규모, 생활비 수준, 손님 수까지 다른데 말이죠.

강 PD 그러면 지역별 최저임금제 같은 제도 도입이 필요하겠네요.

김 대표 네, 김문수 장관도 그런 문제의식을 가지고 있습니다. 일률적 기준이 아니라 지역 상황을 고려한 최저임금제, 그리고 외국인 노동자와 내국인 노동자의 임금 체계도 구분해야 한다는 거죠.

천 배우 외국인 노동자 임금도 똑같이 적용되는 게 문제인가요?

김 대표 사실 같은 일 하면 같은 돈 받아야 한다는 게 맞는 말이긴 하죠. 이런 논리로 우리나라는 외국인 노동자도 최저임금을 똑같이 적용받습니다. 그러니까 한국인 근로자든, 베트남이든 스리랑카 사람이든, 모두 시급이 같습니다. 그러다 보니 외국인 노동자들이 몰려들고, 정작 국내 근로자들은 일자리를 잃게 되는 겁니다. 우리 사람부터 챙겨야죠. 영국이나 프랑스, 일본 같은 나라들은 내국인과 외국인 임금 체계를 다르게 합니다.

안 작가 그럼 결국 자영업자든 중소기업이든, 더 현실에 맞는 임금 구조 개편이 필요하다는 말씀이시네요.

김 대표 너무 이상론만 붙잡고 가면 현실이 무너지고 경제가 무너지면 결국 가장 힘든 건 약자들입니다.

지금이라도 현실을 인정하고, 자영업자와 중소기업을 살릴 수 있는 길을 열어야 합니다.

혁신 없이는 대기업도 죽는다

천 배우 대표님, 그런데 최저임금 문제 외에도 지금 대기업들이 한국을 떠나는 이유가 노사 갈등 때문이라는 이야기도 있잖아요.

김 대표 노사 갈등, 그거야말로 기업 경쟁력을 갉아먹는 아주 큰 문제입니다.

대표적으로 현대제철을 보세요. 당진 공장이 아예 가동을 멈췄습니다. 노조가 현대자동차 수준의 보너스를 요구했거든요. 현대제철과 현대자동차는 생산성 자체가 다른데 말입니다.

강 PD 현대자동차는 그래도 생산성이 높지 않나요?

김 대표 미국 현대차 공장들 보면 거의 로봇으로 문짝을 달고 바퀴를 끼우고 있어요. 그만큼 생산성이 높으니 임금이 따라가는 겁니다.

그런데 우리나라 현대제철은 생산성은 낮은데 임금은 현대차 수준을 요구하는 거죠.

안 작가 결국 기업 입장에서는 해외로 나갈 수밖에 없겠네요.

김 대표 네, 특히 미국 같은 데서는 로봇 자동화가 훨씬 더 잘 되어 있어서 생산성이 월등히 높습니다. 우리나라처럼 파업이 잦은 데보다 훨씬 안정적으로 생산할 수 있으니까요.

결국 기업 입장에서는 생존을 위해 떠나는 겁니다. 미국은 기업에 혜택주니까 부지를 선정해 공장을 지으면 그 땅값이 1$예요.

천 배우 대표님, 김문수 장관은 이런 노사 문제를 어떻게 풀어나가려고 하시나요?

김 대표 김문수 장관은 오랫동안 노동운동을 했고, 국회의원과 경기도지사 시절에도 노동 문제를 깊이 다뤄왔습니다.

특히 노사정위원장과 고용노동부장관으로 있을 때, 가장 합리적인 인물이라는 평가를 받기도 했죠. 윤석열 대통령이 여론의 흐름을 보고 적임자로 발탁해 임명을 한거죠. 그리고 더 중요한 한가지는 깨끗하다는 것이죠.

강 PD 민주노총하고는 대화가 잘 안 되지 않았나요?

김 대표 민주노총과 한국노총 모두 노사정위원회 대화에 잘 나오지 않았죠.

특히 민주노총은 강성입니다. 하지만 김문수 장관은 포기하지 않고 대화를 시도했습니다.

노동자와 사용자가 싸우는 구조를 깨고, 생산성과 성과에 맞는 공정한 구조를 만들기 위한 대화를 추진했던 거죠.

그렇지민 민노총 산별노조, 다시 말해 금속노조, 금융노조, 보건노조 등에서는 대화에 나올수가 없어요. 나가면 비난을 받으니까요.

안 작가 노조 가입률도 그렇게 높지 않다면서요?

김 대표 맞아요. 우리나라 전체 근로자 중 노조에 가입된 비율은 13%에 불과합니다. 그마저도 대부분 대기업 노동자들입니다. 나머지 87%는 노조 없이 열악한 환경에서 일하고 있어요.

김문수 장관은 바로 이 87%를 대변하고자 목소리를 내는 사람입니다. 요즘 들어서는 플랫폼 노동자, 편의점 노동자, 배달 종사원들을 위한 특별 지원법을 만들기 위해 노력하고 있죠.

천 배우 결국 강성 노조의 이익이 아니라, 진짜 약자들을 위한 노동 정책을 만들어야 한다는 거군요.

김 대표 기업이 잘 돼야 일자리가 생기고, 노동자도 살 수 있으니까요. 닭이 먼저냐 달걀이 먼저냐 그런 얘기가 아니잖아요. 노동자와 기업이 함께 가야 경제가 살아나는 거죠.

안 작가 대표님, 그러면 지금 대기업들도 혁신 없이는 살아남기 힘들다고 보시는 거군요?

김 대표 네, 그렇습니다. 대기업이라고 예외는 없습니다. 지금 대기업들조차 살아남기 위해 발버둥치고 있어요. 앞서 말했지만, 현대제철을 보세요. 얼마 전 당진 공장이 셧다운

됐습니다. 자동차 생산이 줄어드니까 철강 수요도 줄고, 결국 공장 문을 닫을 수밖에 없었던 겁니다.

천 배우 당진이요? 그럼 지역 경제에도 큰 타격이겠네요.

김 대표 엄청난 타격이죠. 한 지역이 기업 하나에 얼마나 의존하고 있는지 생각해 보세요. 작년에 우리나라에서 법인세 1위가 어딘줄 아세요? 한국은행입니다. 나도 깜짝 놀랐어요. 평택시와 용인시에 삼성과 SK가 납부한 법인세는 0원이이에요. 이익이 전혀 없었으니까요. 그래서 지난 3, 4년간 4조에서 5조의 지방세가 날아갔어요. 그래서 시민들이 바라던 공원, 도서관도 못 짓고. 정말 큰일 났어요.

당진 현대제철이 멈추면 인근 소상공인들, 식당, 택시, 자영업자 모두 힘들어집니다. 기업이 살아야 지방도시도 사는데 아무것도 없으니까 떠날 수 밖에 없는 거죠.

첨단 새마을 운동이 필요하다

안 작가 대표님, 지난 번에 박정희 대통령 시절 새마을운동 말씀을 해주셨는대요. 요즘같은 개인주의의 시대에도 그런 국민운동이 가능할까요?

김 대표 김문수 장관은 지금도 가능하다고 봅니다. 새마을운동은 단순히 "마을 가꾸기"가 아니었어요. 100불, 200불 시대의 절망 속에서 "할 수 있다"는 희망을 심어준 운동이었습니다. 도시와 농촌을 가리지 않고, 국민 모두가 함께 움직였죠.

천 배우 그렇죠. 지금은 경제 규모가 커졌지만, 희망을 잃은 건 비슷한 상황 같아요.

김 대표 당시는 새벽마다 빗자루 들고 청소하고, 지붕도 걷어내고, 모두가 하나의 목표를 향해 뛰었죠. 그때를 살아본 사람들은 압니다. 국민이 한마음이 되면 어떤 기적도 일으킬 수 있다는 걸요.

그런데 한 1년 됐나? KBS 역사저널 '그날'이라는 프로그램에서 새마을운동을 방영하는데 젊은 패널 두 사람이 낄낄대면서 웃는 거에요. 마치 정부에서 강제로 시킨 것처럼… 하아~ 교육이 잘못된 거죠. 전교조에서 교육을 그렇게 했으니까요. 베트남이나 스리랑카, 아프리카, 남미의 여러나라들이 새마을 운동을 배우겠다고 난린데 정작 종주국인 우리나라가 부정하고 있어요. 문젭니다. 문제. 교육이 문제에요.

강 PD 지금도 그런 열정을 일으킬 수 있을까요?

김 대표 가능합니다. 다만 방식은 달라야겠죠. 지금은 최첨단 AI 시대잖아요. 한마디로 AI를 통한 '제 2의 디지털 새마을운동'을 일으켜야 할 때죠. 최근 국민의 힘 대통령 경선 토론회에서 안철수 후보가 김문수 후보에게 AI에 대해서 물었잖아요. 다 알고 있더라고요. Chat GPT도 쓰고 있어요. 안철수 후보가 당황한 빛을 역력히 드러냈죠.

이렇게 김문수 장관은 앞서가고 있잖아요. 밑바닥부터 고생하면서 국민의 삶을 직접 경험했기 때문에, 국민의 마음을 움직여서 어떻게 하나로 묶을 수 있는지 정확하게 알고 있어요.

강 PD 새마을운동 당시처럼, 한 방향으로 힘을 모을 수 있다면 지금의 위기도 극복할 수 있겠네요.

김 대표 국민이 '함께 살자'는 의지를 가지면 못할 게 없습니다. 새마을운동은 돈이 많아서 된 게 아니라, 국민의 결단과 지도자의 뚝심이 만든 기적이었습니다. 지금도 필요한 건 결국 '진정성 있는 지도자'와 '국민의 결단'입니다.

천 배우 그런 정신을 살릴 수 있다면, 김문수 장관이 적임자라고 보시는 거군요?

김 대표 또 누가 있겠어요. 김문수 장관은 '국민과 함께 걷겠다'는 생각을 일관되게 보여준 사람입니다.

지도자가 국민을 위해 희생할 준비가 되어 있을 때, 국민도 지도자를 믿고 따라갑니다.

안 작가 결국 국민과 지도자 사이의 신뢰가 답이 되겠군요.

김 대표 신뢰가 바탕이 돼야 국민이 마음을 열고, 다시 희망을 품게 됩니다. 그게 새마을운동의 정신이고, 오늘날에도 꼭 필요한 가치입니다. 새마을운동의 성공 비결은 '우리도 한번 잘 살아보자'는 박정희 대통령의 뚝심과 국민의 열망이 합쳐진 신뢰에서 비롯된 것입니다.

천 배우 대표님, 그렇다면 지금 우리에게 필요한 건 결국 나라를 이끌어갈 분명한 목표를 제시할 수 있는 지도자 아닐까요?

김 대표 나라가 어려울 때는 지도자가 하나의 큰 목표를 반드시 제시해야 합니다.

박정희 대통령 시절, '잘 살아보세' 한마디로 온 국민이 움직였잖아요. 그때 새벽마다 빗자루 들고 청소하고, 지붕도 걷어내고, 다리도 놓고, 도로도 넓히고. 정말 대단했습니다. 산림녹화한다고 송충이까지 직접 잡았잖아요. 그리고 수출

한다고 긴머리를 잘라서 가발도 만들었어요.

강 PD 지금은 그런 지도자가 안 보인다는 게 문제죠.

김 대표 네, 지금은 희망을 이야기해줄 지도자가 없어요. 국민들도 갈피를 못 잡고 있죠.

김문수 장관은 이런 점에서 기대할 수 있는 사람입니다. 본인의 사사로운 욕심 없이, 오로지 국가와 국민을 위해 일할 사람입니다. 그리고 큰 비전을 제시해서 국민들에게 신뢰를 얻고 또 성공시킬 겁니다.

안 작가 그런 소통 능력은 김문수 장관이 충분히 갖고 있다고 생각해요. 택시 기사도 해 봤고, 거리로 직접 나가 몸으로 민심을 겪었으니까요.

김 대표 김문수 장관은 밑바닥부터 경험했기 때문에, 위에서 일방적으로 지시하는 게 아니라 국민과 함께 호흡하는 지도자가 될 수 있습니다.

천 배우 그러면 지금 상황에서는 어떤 국가 목표를 제시해야 할까요?

김 대표 결국은 성장과 통합입니다. 경제를 성장시키고, 갈라진 국민을 하나로 묶어야 해요. 지금처럼 분열된 상태로는 나라가 나아갈 수 없습니다. '성장 없는 분배'는 허상이고, '분배 없는 성장'도 허상입니다. 둘 다 제대로 잡아야 진짜 지도자죠.

안 작가 그러려면 정말 강직하고, 소신 있는 사람이 필요하겠네요. 또 유연하면시 일관성도 필요하겠구요.

김 대표 그게 바로 김문수 장관이 지도자로서 기대받는 이유입니다. 사심 없이, 온 힘을 국민과 나라를 위해 쏟을 수 있는 사람. 이제 그런 지도자가 절실한 시대입니다.

강 PD 대표님, 경제 문제를 얘기하면서 빠질 수 없는 게 분배 문제인데요. 지금은 성장보다는 분배에 더 무게를 두자는 목소리도 많지 않습니까?

김 대표 하지만 김문수 장관의 생각은 분명합니다. '성장이 있어야 분배도 가능하다.'

성장이 멈춘 상태에서 분배만 강조하면 결국 모두가 가난해질 수 밖에 없습니다.

천 배우 맞아요. 케이크가 커야 나눠 먹을 것도 있으니까요.

김 대표 박정희 대통령 시절을 생각해보면 이해가 쉽습니다. 당시 1인당 국민소득이 100불도 안 됐어요. 그런데 수출에 사활을 걸고 경제를 일으켜 세운 결과, 지금의 대한민국이 있습니다. 성장 없이 분배만 얘기했으면 불가능했겠죠.

안 작가 그럼 김문수 장관은 성장 전략을 가장 우선으로 두고 계신다는 거군요?

김 대표 김문수 장관은 노동자 출신이지만, 기업의 중요성을 누구보다 잘 알고 있습니다.

기업이 살아야 일자리가 생기고, 일자리가 있어야 가정

을 지킨다는 걸 현장에서 뼈저리게 느낀 사람입니다. 우리 청년들 중에서 작년에 '쉬었음'이라고 답한 사람이 50만 명입니다. 일자리도 없어요. 또 해마다 70%정도의 고등학교 졸업자가 모두 대학에 진학합니다. 그래서 고졸이 더 대우받는 사회, 사회에 더 빨리 나오면 돈도 더 많이 벌고. 독일, 영국, 일본 프랑스는 고등학교만 졸업하고 직업을 가져요. 그럼 돈도 훨씬 많이 벌죠. 우리는 대학대학 하니까 실업자가 많은 거에요. 이런 사회적인 분위기를 바꾸겠다는 것이 김문수 장관의 철학입니다.

강 PD 분배를 전혀 무시한다는 건 아니겠죠?

김 대표 물론입니다. 김 장관도 자본주의의 폐해, 즉 돈 없고 힘없는 사람들이 버림받는 현실을 너무 잘 압니다. 그래서 '낙오자를 일으켜 세우는 게 정치의 본질이다'라고 늘 강조합니다.

다만, 분배를 위해서도 성장이 필수적이라는 거죠. 성장을 해야 사회적 약자를 보살 필 수 있잖아요. 돈이 있어야 약자를 도울 수가 있는 거죠.

천 배우 성장과 분배를 균형 있게 다뤄야 한다는 말씀이네요.

김 대표 기업은 기업대로 성장하고, 거기서 나온 과실을 약자들에게 돌려주는 것. 상식적이지요?

이게 김문수 장관이 생각하는 건강한 사회입니다.

안 작가 분배를 잘못하면 오히려 선제 경제가 무너질 수도 있잖아요.

김 대표 지금 세계적으로도 무분별한 분배 정책이 나라를 망가뜨린 사례가 많아요. 아르헨티나, 베네수엘라 같은 나라들이 대표적입니다. 한국도 그런 길을 가선 안 되겠죠.

강 PD 그래서 김문수 장관은 성장과 분배 모두를 고민하는 리더라는 거군요.

김 대표 성장과 분배를 함께 고민하고, 양쪽을 동시에 이끌 수 있는 지도자. 그런 사람이 지금 절실히 필요합니다. 김문수 장관은 그 길을 걸어갈 준비가 되어 있는 사람입니다.

연금 개혁, 청년을 살려라

안 작가 요즘 청년들 생각을 하면 왠지 마음에 걸리는 게 있어요. 연금 개혁 논의가 젊은 층 중심으로 뜨겁다고 들어서 그런 건지. 김문수 장관은 '우리가 지금 3%를 더 받겠다고 청년들에게 수천조의 빚을 안기는 양심 없는 어른이 되어서는 안 된다'고 강하게 비판했어요.

그 말씀, 정말 와닿았습니다. 어떤 생각에서, 혹시 연금과 관련해 세워 둔 확고한 계획에서 비롯된 말씀인지 궁금합니다.

김 대표 그 발언에는 김문수 장관의 깊은 양심과 책임감이 담겨 있습니다. 지금 통과된 국민연금법 개정안은 사실상 '연금 개악'이라고 봐야 합니다. 보험료율은 9%에서 13%로 올리고, 소득대체율은 40%에서 43%로 올린다지만, 실질적 수혜는 당장 연금을 받을 기성세대에 집중됩니다.

강 PD 결국 청년들이 돈을 더 내고, 위 세대가 혜택을 더 받는 구조군요?

김 대표 맞습니다. 청년 세대에 2천조 가까운 부담이 떠넘겨졌어요.

2071년까지 연금 고갈 시점을 15년 늦춘다지만, 그걸 위해 청년들에게 태어나자마자 평균 2억의 빚을 지우는 구조가 된 겁니다. 기득권을 위해 미래세대가 희생하는, 전형적인 불균형입니다.

강 PD 정말 그 정도예요? 아니, 결혼할 용기도 안 나겠네요.

천 배우 실제로 청년들 사이에선 "내가 내는 돈은 결국 남 좋은 일 시킨다"는 인식도 있더라고요. 그러니까 결혼 안 해야 돼요! 농담이 아니라, 결혼하면 바로 2억 빚이 따라붙는다니까요. 청년 세대한테 너무 가혹한 구조예요.

김 대표 청년 10명 중 9명이 분노하고 있습니다. 일자리는 줄고, 결혼도 출산도 포기하는 시대에 이제는 연금으로까지 빚을 안겨주니, 앞이 깜깜하죠. 이건 단순한 세금 문제가 아닙니다. '희망의 사다리'를 걷어차는 일입니다.

천 배우 그런데 정치권에선 "이 개혁이 청년에게 유리하다"는 주장도 있던데요?

김 대표 맞습니다. 정부와 일부 전문가들은 기금 고갈을 늦추는 게 청년에게 유리하다고 말하지만, 현실은 다릅니다. 지금 50대 이상은 혜택을 늘리면서 보험료율을 서서히 올립니다.

하지만 청년 세대는 취업도 어렵고 월급도 적은 상황에서, 이 고율의 보험료를 감당하라는 거예요.

안 작가 그렇다면 김문수 장관은 어떤 대안을 가지고 계신가요?

김 대표 첫째는 연금 구조의 이중화입니다. 기성세대와 청년세대를 분리해서, 낸 만큼 받을 수 있는 '신연금'을 별도로 설계하자는 거죠. 나경원 의원이나 윤상현 의원도 같은 생각입니다.

둘째는 약자 중심의 조정입니다. 대기업 노동조합원들은 5천만 원, 7천만 원씩 받지만, 영세사업장이나 프리랜서들은 그 부담을 못 이겨 탈락하게 됩니다. 이건 연금이 아니라 기득권의 배당금이 되는 셈이죠.

강 PD 실제로 민주노총 가입자 비율이 13%밖에 안 된다는데요?

김 대표 맞아요! 그런데도 그들의 기준으로 설계된 연금개혁이 87%의 비조합원, 특히 청년·여성·프리랜서에게도 그대로 적용됩니다. 그러니 김문수 장관이 말하는 겁니다.

'이건 민주노총을 위한 개혁이지, 국민을 위한 개혁이 아니다.'

천 배우 김 장관님은 한미동맹이나 안보 같은 큰 틀도 강조하지만, 이런 일상적 복지 문제에서도 굉장히 섬세하게 접근하시네요.

강 PD 최저임금 이야기도 한몫하죠. 급격히 올랐는데, 실제로는 일자리가 줄고, 편의점에서는 아르바이트 뽑기를 꺼러하고.

김 대표 그게 문제예요. 저도 편의점 자주 가는데, 다들 말하잖아요.

'하루 8시간 쓰면 주휴수당에, 수당 다 줘야 하니까 2시간짜리로 나눠 쓴다.'

이게 뭡니까? 청년들이 일하고 싶어도 못 해요. 근데 만약 잘못이라도 하면 고용노동부에 고발까지 당하니까 고용주도 불안한 거죠.

안 작가 결국 현재 대한민국 사회는 신뢰가 완전히 무너진 상태네요.

김 대표 맞아요. 정치도 마찬가지예요. 정치가 국민에게 신뢰를 줘야지.

김문수 장관은 그 점에서 다릅니다. 이 연금 개악 문제도 마찬가지예요. 겉으로는 정의로운 개혁처럼 보이지만, 실제론 13%만의 노동귀족을 위한 개혁이에요. 민주노총을 위한 개혁. 그 외 다수의 약자들은 어떻게 살아갑니까?

김문수 장관은 노동자 출신입니다.

노동자의 고통, 청년의 불안, 노인의 외로움을 다 경험하고 몸으로 배운 사람이에요. 지금도 고독사가 하루 30명, 자살이 하루 40명인 이 사회에서 그는 말합니다.

'정치란 가장 약한 사람을 위해 존재하는 것'이라고요.

강 PD 그런데 이런 얘기들이 잘 전달되지 않는 것 같습니다. 연금 문제는 복잡하니까요.

김 대표 맞습니다. 그래서 지금 필요한 건 깊이 있는 홍보입니다.

국민연금 동맹처럼 각계 전문가와 국민이 함께 모여 투명하게 이 구조를 분석하고, 청년들도 정확히 자신이 얼마나 부담을 지게 되는지 알아야 합니다. 그래야 올바른 정치 판단도 가능하겠죠.

천 배우 해외 연금 제도와 비교하셨잖아요. 실제로 어떤가요?

김 대표 제가 영국에도 가족과 함께 1년간 살아본 적이 있어요. 유럽은 노인 인구의 90% 이상이 연금에 의존하며 삽니다. 이게 가능한 게 젊을 때 월급의 30~40%를 내요. 은퇴 이후에 그 혜택이 반드시 돌아오니까요.

자기가 받았던 소득의 60~70% 수준으로 연금이 나와요. 그래서 스페인의 휴양지나 이탈리아 남부 같은 데 가면 연금생활자들이 따뜻한 데 와서 햇볕 아래 여유로운 겨울을 지내요. 우리나라 노인들은 돈이 없어서 부부가 해외 여행을 한다는 게 사실상 불가능하죠. 단지 자녀들이 가까운 곳으로 보내드리는 여행에 만족할 수 밖에 없는 현실인거죠.

천 배우 아, 그게 바로 연금이구나. 생존을 넘어서 삶의 질이네요.

김 대표 그렇죠. 그런데 우리나라는 기본 구조가 다릅니다. 공무원이나 군인은 많이 내니까 많이 받을 자격도 있죠. 본인 월급에서 보통 회사원의 두 배 가까운 돈을 냅니다. 그래서 많이 받는 거죠. 그런데 일반 직장인, 특히 5인 이하 사업장 근로자나 프리랜서는 그런 구조에 낄 수가 없어요.

안 작가 정말로 사회적 약자를 위한 설계는 아니네요.

김 대표 그래서 김문수 장관이 말하는 겁니다. "우린 지금 누굴 위해 정치를 하고 있는가?"

내 이익을 버리고, 국민을 생각하는 정치. 그게 정치의 본령이라는 겁니다.

안 작가 혹시 헌법 소원 같은 대응도 가능할까요?

김 대표 못할 것 없지요. 이번 법안이 통과됐지만, 국민 20만 명이 모이면 헌법소원이 가능합니다. 법이 헌법 정신에 맞는지 따져보고, 국민적 논의를 거쳐야 할 때입니다. 김문수 장관도 그렇고 우리 국민은 이 문제를 결코 가볍게 보지 않습니다.

강 PD 마지막으로 여쭤보고 싶습니다. 정말 이 개혁을 되돌릴 수 있다고 보십니까?

김 대표 물론입니다. 정치는 가능성의 예술입니다. 그리고 신념이 있다면 불가능도 바뀝니다.

김문수 장관이 말한 것처럼, 지금 이 사회는 '심 없는 어른이 되느냐, 미래를 살리는 어른이 되느냐'의 기로에 서 있습니다. 우린 후자를 선택해야 합니다. 강 PD, 천 배우, 안 작가 세 분은 미래를 살리는 양심있는 어른을 선택하실거죠?

일동 예~~~

7부

공직자는 무한 헌신이 보람

춘천중앙시장 상인들을 만나 어려움을 듣고 있는 설난영 여사(2025.4.25)

뚜벅뚜벅 걸어가라

강 PD 김문수 장관이 청년 시절부터 올곧은 길을 걸어오신 것을 우리가 확인해봤는데요. 참 개인적으로 부끄럽기도 하고 그렇습니다.

김 대표 김문수 장관은 항상 역사를 기준으로 자신의 길을 선택해 왔지요. 예를 들면, 조선을 건국한 태종 이방원, 대한민국을 세운 이승만 대통령처럼 '국가를 위해 자신의 모든 것을 던진 사람들'을 깊이 존경하고 연구해 오셨습니다.

김문수 장관에게 있어서 지도자의 길은 '개인의 영달'이 아니라 '국가의 운명을 책임지는 일'입니다. 본인 스스로도 '내가 걷는 길이 외롭고 험해도 반드시 가야 할 길'이라고 굳게 믿고 있습니다.

천 배우 그렇다면 지금 시대에 김문수 장관의 이 올곧은 길은 어떤 의미를 가질까요?

김 대표 김문수 장관의 올곧은 길은, 단순히 과거의 신념을 고수하는 게 아닙니다. 시대가 변해도 본질은 변하지 않는다는 것을 보여주는 길이죠.

나라가 위기에 처했을 때 사익을 버리고 대의를 선택했

던 이방원, 이순신, 이승만 같은 인물들이 있었습니다. 김문수 장관 역시 그런 역사적 흐름 안에서, 지금 시대에 필요한 올곧은 지도자의 모습을 보여주고 있다고 생각합니다. 김문수 장관의 가장 큰 장점은 아무리 욕을 먹더라도 미래를 위한 결단은 결코 주저하지 않았다는 거죠. 이는 지도자에게 꼭 필요한 덕목이죠.

안 작가 결국 진짜 지도자는 개인의 손익이 아니라, 시대와 국민을 보고 판단하는 사람이겠군요.

김 대표 네. '내가 지금 이 길을 가는 것이 옳은가?'를 끊임없이 역사적 기준에서 자문해 온 사람입니다. 내가 알아요. 그 질문에 스스로 부끄럽지 않게 살려고 노력해 왔고, 지금도 국민과 국가를 위한 길이라면 어떤 어려움도 마다하지 않겠다는 각오를 다지고 있습니다.

천 배우 결국 지금 같은 위기의 시대에는 김문수 장관처럼 강직하고 일관된 신념을 가진 지도자가 필요하다는 생각이 듭니다. 특히, 경제적으로나 사회적으로 큰 혼란이 예상되는 만큼, 더욱 그렇겠죠.

김 대표 다들 잘 못 느끼시는 것 같은데 지금 한국은 IMF 때보다도 더 심각한 경제 위기에 직면해 있습니다. 트럼프 대통령의 관세 폭탄으로 인해, 수출 의존도가 높은 우리 경제는 직격탄을 맞았습니다. 대기업도 어렵고, 중소기업, 자영업자들까지 모두 힘든 상황입니다. IMF나 국내외

신용평가 기관들이 우리 경제 성장률을 마이너스로 발표하고 있습니다.

여러 가지 어려움이 있지만, 결국 해법은 분명합니다. 불필요한 정부 조직은 줄이고, 나라를 다시 단단하게 세워야 합니다. 문재인 정권 때 얼마나 많은 공무원을 뽑았습니까? 결국 그게 다 우리 빚입니다.

노동자들도 사용자와 머리를 맞대고, 주 52시간제나 최저임금 급등 같은 문제들을 넘어서야 합니다. 자영업자들이 무너지고, 경제 전반이 위축된 오늘의 현실을 외면할 수 없습니다.

그럼에도 희망은 있습니다.

우리가 이번 대화의 제목으로 삼은, '문수 생각'.

김문수 장관의 생각에는 반드시 해법이 있습니다.

이런 시기야말로 국민을 하나로 모으고, '이 길로 갑시다!' 하고 깃발을 높이 들 수 있는 지도자가 필요합니다. 국가의 비전을 위해 확실한 신념을 가진 사람이 나라를 이끌어야 합니다.

안 작가 올곧은 지도자, 정말 필요합니다. 하지만 지금처럼 국민 통합이 어려운 시대에 국민을 하나로 묶을 수 있는 지도자가 있을까요?

김 대표 왜 없다고 생각하시나요? 김문수 장관은 서민의 삶을 직접 경험하고, 노동운동을 통해 민심을 몸으로 느끼고, 경기도지사로서 1,300만 도민을 이끈 리더십을 가지고 있습니다.

그리고 가장 중요한 것은, 국민이 낸 세금으로 일하는 공직자는 무한히 봉사해야 한다는 다산 정약용 선생의 철학을 실천해온 사람입니다.

이런 철학과 경험이 있기 때문에, 김문수 장관은 다른 정치인들과 달리 국민의 마음을 얻을 수 있는 지도자입니다.

천 배우 그렇다면 김문수 장관은 공직자의 역할에 대해 어떻게 생각할까요? 장관께서는 다산 정약용 선생의 철학, 공직자의 자세를 어떻게 실천해 왔을까요?

김 대표 김문수 장관은 공직자의 본질에 대해 깊은 철학을 가지고 있습니다. 그의 공직자 철학은 국민을 위한 봉사라는 점에서 매우 분명하고 일관됩니다. 자기 이익을 버리고 오직 국가와 국민을 위해 그중에서도 사회적인 약자를 위해, 또 경제적 약자를 위해 일해야 한다는 믿음을 항상 강조했습니다.

경기도지사 시절에도 김문수 장관은 자신의 권력이나 위치를 이용해 개인적인 이익을 추구하는 일이 없었습니다. 그 대신, 도민들의 삶을 개선하기 위해 헌신하며 지역 문제 해결에 앞장섰습니다. 장관께서는 공직에 있는 동안 모든 결정과 정책이 국민을 위한 것이어야 한다고 말씀하셨고, 실제로도 국민을 위해 일했습니다.

천 배우 그렇다면 장관은 청렴한 공직자로서, 자기 이익을 추구하지 않는 모습을 일관되게 보여주셨군요. 국민을 위한 봉사를 실천하는 데 있어, 가장 큰 도전은 무엇이었을까요?

김 대표 김문수 장관에게 있어 국민을 위한 봉사는 결코 쉽지 않은 일이었습니다. 공직자의 길에서 갈등과 난관이 많았고, 정치적 이해관계도 얽혀 있었습니다. 특히, 정치인으로서의 선택이 항상 국민의 이익을 우선시해야 한다는 점은 많은 갈등을 불러일으켰습니다.

그럼에도 불구하고, 그는 자기 원칙을 지키며 일관되게 행동했습니다. 이것이 바로 김문수 장관이 공직자로서 특별한 점이죠.

강 PD 김문수 장관의 공직자 철학은 국민들에게 신뢰를 줄 수밖에 없었을 것 같습니다. 이러한 철학은 오늘날의 정치인들에게도 중요한 교훈이 될 것 같습니다.

김 대표 맞습니다. 김문수 장관은 정치인의 역할에 대해 기본적으로 '국민을 위해 봉사하는 것'이라는 신념을 가지고 있습니다. 그 신념이 그의 정책과 행동에 반영되었고, 국민의 신뢰를 얻는 밑바탕이 되었습니다. 청렴함과 겸손은 물론, 원칙을 지키는 강력한 결단력이 김문수 장관을 진정한 공직자로 만든 요소들이죠.

천 배우 그렇다면 김문수 장관은 단순히 '올곧다'는 것에 머무르는 게 아니라, 진짜 국민을 섬기는 지도자가 될 수 있는 사람이군요.

김 대표 올곧기만 한 지도자는 때로는 독선에 빠지거나 부러지는 법 아니겠습니까. 하지만 김문수 장관은 끊임없이 민심을 듣고, 소통하는 유연성을 갖춘 사람입니다.

특히 다산 정약용 선생의 『목민심서』를 평생 공부하고 실천했기 때문에, '권력을 쥐었을 때 더욱 겸손해야 한다'는 걸 누구보다 잘 알고있습니다. 다산이 모셨던 혁신의 아이콘 정조대왕의 위민과 애민정신을 따라갔으면 좋겠습니다. 왜냐하면, 김 장관은 자기 갈 길이 아니면 절대 선택하지 않는 사람이니까요. 보통 사람과 위대한 지도자는 생각의 깊이부터 다릅니다. 국가관이 확고하고, 신념이 분명해야 지도자가 될 수 있습니다.

김문수 장관은 약자의 세계에서 직접 살아본 사람입니다. 서울대에서 막스-레닌주의를 받아들인 후, 청계천 판자촌에 들어가 그 열악한 환경에서 동지들과 함께 살았던 사람아닙니까? 화장실도 제대로 없는 곳에서, 진짜 고단한 삶을 몸으로 겪었던 사람입니다. 그런 기억이 가슴 깊이 새겨져 있기 때문에, 김 장관은 늘 약자의 편에 서고자 했습니다.

작년에는 설난영 여사와 함께 박정희 대통령을 다룬 뮤지컬을 보면서, 과거의 생각이 떠올랐는지 눈물을 흘리기도 했습니다.

올곧은 길을 걷는 사람은, 어떤 자리에서도 결국 자기 길을 갑니다. 그건 배우가 되었든, 드라마 작가나 프로듀서가 되었든, 저처럼 뮤지컬을 만드는 사람이 되었든 마찬가지입니다. 저도 왜 역사를 다룬 뮤지컬을 만드느냐. 팩트를 기반으로 역사를 재해석해 보여줌으로써 학생들과 사회를 바꾸는 데 기여하고 싶기 때문입니다.

강 PD 그런데 대표님, 왜 예술가들은 진보 쪽에 더 많이 끌리는 걸까요? 정치적으로 진보 성향이 강한 것 같던데요.

김 대표 좋은 질문입니다. 진보 세력은 예술가들을 잘 챙겨줘요. 일자리를 줍니다. 문화재단 이사장 같은 자리도 주고, 경제적으로 지원도 해줍니다.

반면 보수 쪽은 이런 걸 잘 못 해요. 보수는 '알아서 해라'는 쪽이니까요. 제가 뮤지컬 '박정희와 육영수'를 만들었잖아요. 그런데 지원은 제롭니다. 그런데 광주항쟁을 다룬 뮤지컬 '광주'는 광주시와 전라남도의 지원만 수십십억을 받았습니다.

천 배우 그러니까 예술가들이 진보에 기대는 건 자연스러운 흐름일 수도 있겠네요.

김 대표 그렇죠. 특히 진보는 '더불어 사는 사회'를 이야기하니까, 예술가들이 감성적으로 매력을 느낄 수 밖에 없습니다. 신영복 선생의 "처음처럼", "사람아 사람아", "더불어 숲" 같은 문구도 예술가들의 감성을 건드리잖아요.

안 작가 실제로 신영복 선생을 존경한다는 예술인들이 많더라고요.

김 대표 가수 이은미, 윤도현, 방송인 김제동, 김미화 같은 사람들이 대표적입니다. 특히 탁현민은 성공회대 출신인데, 신영복 선생의 영향을 강하게 받은 인물이에요. 청와대에서 '처음처럼' 같은 구호를 퍼트린 것도 탁현민이 기획한 거죠. 문재인 전대통령이 가장 좋아했던 비서관이었죠.

강 PD 어떻게 보면, 정치와 예술이 뒤섞여서 진보적 감성만 강해진 것 같기도 하네요.

김 대표 저도 예술을 합니다만, 본래 예술은 진보성과 독립성을 추구하는 경향이 있습니다. 하지만 그게 체제 전복이나 특정 이념 선전에 이용되는 건 위험한 일이죠.

천 배우 특히 젊은 세대에게 무비판적으로 영향을 미칠 수도 있으니까요.

김 대표 김문수 장관이 우려하는 것도 그겁니다. 철학이나 이념 없이 단순한 감성에 휩쓸리면, 어느 순간 본질을 잃어버릴 수 있다는 거죠.

예술, 드라마, 영화가 왜 강력합니까? 재미있게, 빠르게, 사람들의 마음에 스며들기 때문입니다. 그런데 그걸 사실이 아닌 거짓으로 채워버리면 위험해집니다.

문재인 대통령 때, 원전의 위험성에 초점을 맞춘 영화

'판도라'를 보고 탈원전을 직접 지시했던 일도 있었죠. 그래서 좌파 예술인들이 특정 정치인을 위한 영화를 제작하는 경우가 많았어요.

예술이 주는 영향력은 막대합니다. 특히 학생들에게는 더 그렇죠. 그래서 올곧은 길을 가는 사람에게는, 좋은 스승이 꼭 필요합니다.

안 작가 김문수 장관처럼 강직한 분에게는 지지 기반이 형성되는 게 쉽지 않을 것 같아요.

김 대표 그 점은 걱정할 필요 없습니다. 김문수 장관의 인간성은 고향 사람들과 경주 김씨 집성촌 사람들에게 이미 증명되었습니다. 1300만 경기도민을 상대로 8년간 행정을 펼치며, 공무원들 사이에서도 가장 존경받는 지도자로 기억되고 있습니다.

김문수 장관이 항상 강조하는 게, '국민이 낸 세금으로 일하는 공직자는 국민을 위해 무한히 헌신해야 한다.' 민원인에게 이해될 때까지 설명하고, 약자를 먼저 돌봐야 한다는 것입니다.

탈북자들을 20년 넘게 돌봤고, 나환자촌에도 수차례 찾아갔습니다. 보고를 듣는 데 그치지 않고, 반드시 현장에 가서 직접 확인하는 지도자였습니다. 그런 실천이 있었기에 지금도 많은 이들이 김문수 장관을 신뢰합니다.

조선의 정조대왕은 백성들의 민원을 직접 듣기 위해 수

원 화성에 가는 길을 열어 백성들이 고개를 들고 왕의 모습을 볼 수 있게 했습니다. 억울한 사람이 있으면 꽹과리를 치게 했고, 실제로 세금을 절반으로 깎아주는 조치까지 내렸습니다.

이런 지도자가 진정한 지도자입니다.

박정희 대통령도 가뭄 때 비가 오자, 새벽에 직접 김포 들녘으로 달려가 논밭을 확인하고 농부들과 함께 기쁨의 눈물을 흘렸습니다. 그 진심이 국민에게 전해졌고, 그래서 더 존경 받는 것입니다.

김문수 장관도 그런 지도자의 길을 걸을 사람입니다. 만약 지도자가 자기 주변의 목소리만 듣고 귀를 닫으면, 결국 나라가 무너지고 국민도 외면받게 됩니다. 제가 15년간 옆에서 김장관을 뵙고 지낸 사람으로써 김장관의 진심을 알면 지지자가 되지 않을 수 없습니다. 천 배우도 찐팬이 될거예요. 안 작가님도 설난영여사를 뵙게 되면 역대 영부인중에서 가장 존경하게 될 겁니다. 저는 확신합니다. 강 PD 마찬가지구요.

가짜 뉴스는 이제 그만!

천 배우 김문수 장관은 확고한 국가관과 신념을 지녔습니다. 하지만, 현실 정치에서는 '지지 기반'이 중요하지 않습니까? 그런데 오해를 산 일도 많지 않습니까?

안 작가 요즘 인터넷을 보면, 김문수 장관에 관한 가십성 기사들이 퍼져 있더라고요. 특히 도지사 시절 소방서에 전화를 걸어 문제가 됐다는 이야기가 있습니다. 그 사건의 진실은 어떤가요?

김 대표 상당히 유명한 사건인데, 사실 이 사건은 너무나 왜곡돼 알려졌습니다. 당시 김문수 장관은 남양주 지역의 한 노인 요양병원을 방문하는 과정에서 119 응급 대응 체계를 점검하려던 거에요. 그래서 119에 전화를 걸었는데, 문제는 오히려 전화를 받은 당직 소방관이 김문수 장관의 신분을 제대로 인지하지 못했던 겁니다. 김문수 장관은 분명히 '경기도지사 김문수입니다'라고 여러 번 밝혔어요.

그런데 상대방은 계속 '누구시라고요?', '확인할 수 없습니다'라며 제대로 응대하지 않았습니다. 제대로 된 공직자라면 자신의 관등성명을 밝히는 게 당연한 순서죠. 그런데 장관이 당시 도지사인 자신의 신분을 밝혔는데도 마치 장난 전화처럼 여기면서 우스개로 일관했죠.

결국 대화가 길어졌고, 이 상황이 외부로 알려지면서 '도지사가 갑질했다'는 잘못된 보도가 나간거죠.

강 PD 그럼, 실제로는 김문수 장관 쪽에서 무리한 요구를 하거나 압력을 행사한 건 아닌 거군요?

김 대표 당연하지요. 오히려 김문수 장관은 소방관 개인에게 책임을 묻거나 징계를 지시한 적이 없습니다. 나중에 경기도 소방본부 쪽에서 내부 조치로 해당 소방관을 전보시켰는데, 그 사실을 안 김문수 장관이 '내가 원해서 그런 게 아니다. 다시 원위치 시키라'고 지시했어요.

천 배우 그럼 결국 김문수 장관은 소방관 개인을 문제 삼지 않았다는 거네요.

김 대표 바로 그겁니다. 이 사건은 기본적으로 오해에서 비롯된 일이고, 김문수 장관은 끝까지 상대를 배려하려고 했단 말이에요. 오히려 '공직자는 누구든지 국민에게 친절하게 응대해야 한다'는 원칙을 강조하셨죠.

천 배우 또 하나, 지하철에서 연행될 뻔했다는 이야기도 있던데요. 그건 또 무슨 일인가요?

김 대표 2020년 8월쯤, 코로나 방역이 한창 엄격하던 시절이었습니다. 김문수 장관이 여의도 인근 지하철역에서 지인을 만나 이동하려던 중, 경찰이 다가와 신분 확인을 요구했습니다. 당시 단체 집회 참석자들에 대한 방역 조치가 강화된 상황이었죠.

김문수 장관은 '나는 김문수다. 전 국회의원이고 경기도지사를 지낸 사람이다.' 이렇게 신분을 밝혔습니다. 하지만 경찰은 김문수 장관을 제대로 인지하지 못하고 연행하려고 했던 거죠.

안 작가 조금만 신경썼다면 일어나지 않아도 될 일이었는데. 결국 연행까지는 안 된 거군요?

김 대표 연행되지는 않았습니다. 김문수 장관이 강하게 항의했고, 옆에 있던 동료들이 신분을 증명하면서 사태가 일단락됐습니다. 그 자리에는 성창경 전 KBS 기자도 같이 있었습니다.

하지만 이런 일이 언론에 퍼지면서 또 한 번 괜한 오해가 생겼죠. 마치 김문수 장관이 신분을 이용해 갑질을 한 것처럼 비춰진 겁니다.

강 PD 결국 둘 다 단순한 오해였네요. 언론이나 일부 유튜브 영상에서 부풀려진 면이 컸던 거군요.

김 대표 참 억울해요. 김문수 장관은 기본적으로 공직자로서 품격을 잃은 적이 없습니다. 항상 '국민을 섬기는 자세'를 강조해 온 사람입니다. 그런 분을 흠집 내기 위해 사소한 일들을 과장하고 왜곡한 게 문제였던 거죠.

하지만 김문수 장관은 이미 오랜 시간 동안 국민 속에서 신뢰를 쌓아온 사람입니다.

천 배우 결국 지도자는 대중의 오해와 외로움을 견뎌야만 자신의 길을 완성할 수 있다는 말씀이군요.

안 작가 하지만 현실 정치에서는 무엇보다 지지 기반이 중요합니다. 김문수 장관이 그렇게 외로운 길을 가더라도, 과연 지지 세력들이 흔들리지 않고 제 자리를 지킬 수 있을지도 걱정입니다.

김 대표 가장 강조한 건 아무래도 '현장주의'라는 단어로 정리할 수 있겠네요. 김문수 장관은 보고서나 책상에 앉아 결정을 내리는 걸 경계했습니다. 항상 직접 민원 현장에 가서 도민들의 목소리를 듣고, 문제의 본질을 이해한 뒤 정책을 결정했습니다.

특히 탈북자 지원, 나환자촌 방문, 약자 보호 정책 등, 소외된 이들을 직접 만나고 그 삶을 개선하는 데 남다른 열정을 보였습니다. 탈북자에 대한 관심이 진짜 대단해서 국회의원 시절 지원법도 만들었고, 유튜버로 활동하던 시절에는 국회 앞에서 탈북자를 돕는 단체와 함께 수년간 매주 한 번씩 집회를 열어왔습니다. 저도 한두번 그 집회에 참석해서 마이크 잡은 적도 있습니다.

종합해보면, 북한 인권을 위한 집회에 수년간 매주 참석하는 것만 봐도 얼마나 현장을 뛰어 다닙니까? 더구나 탈북자를 위한 인권 영화제 '락스퍼'를 개최하기도 했죠. 당시에는 본인도 외롭고 힘들었지만 자신이 가야할 길을 뚜벅뚜벅 걸어가는 모습을 봤던 이들이 생각보다 많고, 그분들 모두가 김문수의 팬이 된거죠.

강 PD 결국 김문수 장관은 눈에 보이는 정치 세력이나 조직보다는 국민 개개인의 신뢰를 기반으로 지지를 쌓아온 사람이네요.

김 대표 지지 기반이란 단순한 조직표나 세력 확장만으로 생기는 게 아닙니다. 국민 한 사람 한 사람과의 신뢰에서 비롯된다고 김문수 장관은 믿고 있습니다. 그리고 그 믿음은 지금도 변함이 없습니다.

'내가 가장 존경하는 사람은 김문수'

강 PD 결국 김문수는, 변절자라는 비난까지 감수하면서도 자신이 옳다고 믿는 길을 꿋꿋이 걸어온 사람이군요. 가끔은 주변의 비난보다, 스스로에 대한 의심이 더 힘들었을 텐데 말입니다.

김 대표 그래요. 김문수는 세속적인 성공을 좇지 않습니다. 눈앞의 이익이나 편한 길이 아니라, 스스로 옳다고 확신하는 길을 선택했어요. 그게 때론 외로운 길이었고, 때론 고통스러운 길이었지만, 단 한 번도 타협하거나 돌아서지 않았습니다. 정치적으로도 화려하고 편한 자리를 마다하고, 더 힘들더라도 가치를 지키는 쪽을 선택했습니다.

그리고 더 놀라운 건, 그런 김문수 곁에서 설난영 여사도 한결같이 자신의 길을 걸어왔다는 거예요. 앞에서도 이야기했지만, 김문수가 민주화운동에 뛰어든 동안 설 여사는 봉천동 네거리에서 작은 책방을 열고 생계를 책임졌습니다.

당시 세 살이던 딸을 탁아소에 맡겨놓고, 하루하루를 버텨야 했습니다. 평일에는 떨어져 지내야 했고, 온 가족이 함께 보낼 수 있었던 시간은 주말 이틀뿐. 이렇게 무려 5년을 버텨낸 겁니다. 쉽게 흉내낼 수 없는 세월이죠.

지난 4월 25일, 설 여사가 춘천 중앙시장에 간다고 해서 제가 강 PD, 천 배우와 함께 경춘선을 타고 찾아갔습니다. 여사님이 저를 발견하고는 놀라서 손을 꽉 잡으셨어요. 그 단단한 눈빛은 예전 그대로였지만, 야윈 얼굴을 보는 순간 가슴이 먹먹해졌습니다.

아, 이분이야말로 말이 아니라 삶으로 견뎌낸 사람이구나, 그런 생각이 들더군요.

천 배우 정말 드문 삶의 방식이네요. 설난영 여사가 "내가 가장 존경하는 사람은 김문수"라고 말씀하셨다는 이야기도, 이제야 진심으로 다가옵니다.

김 대표 그렇죠. 부부가 서로를 존경한다는 건 결코 쉬운 일이 아닙니다. 겉으로는 다정하게 보여도, 긴 세월 속에서 서로에게 실망하거나 지치는 경우가 훨씬 많거든요.

그런데 설 여사는 지금도 진심으로 김문수를 존경한다고 말합니다. 그게 김문수라는 사람의 진짜 무게를 보여주는 거라고 저는 생각합니다.

좋을 때의 사랑이야 누구나 할 수 있죠. 하지만 어려울 때, 고통스러울 때도 존경하고 사랑할 수 있는 건 정말 드문 일입니다.

저도 이제 나이가 들면서 그런 걸 더 절실히 느낍니다. 설 여사는 헌신적이면서도 자기 의견은 당당히 밝히고, 남

편의 고통을 함께 짊어지면서도 끝까지 들어주는, 요즘 세상에서는 좀처럼 보기 어려운 현명한 분입니다.

안 작가 김문수는 지금도 누군가에게 깊은 영감을 주는 존재인 것 같아요.

오늘 이야기를 듣는 동안, 저 역시 마음 한편이 뜨거워졌습니다. 삶이라는 게 결국, 이런 신념과 사랑을 지켜낸 사람들에게서 진짜 빛나는 거구나 싶습니다.

김 대표 맞습니다. 우리도 그 정신을 잊지 않고 오늘을 살아야 하지 않겠습니까.

저 역시 김문수를 보며 매번 다짐하게 됩니다. 특히 지금처럼 혼란스럽고 힘든 시대에, 당장 나라를 위해 새로운 지도자를 세워야 하는 이 절박한 때에, 힘없는 사람들, 소외된 이들에게 진짜 희망이 될 수 있는 사람— 그 사람이 저는 김문수라고 확신합니다.

지도자는 권력을 위해 군림하는 자리가 아니라, 국민의 삶을 지키기 위해 존재해야 합니다. 국민의 고통을 자신의 고통처럼 느끼고, 국민 한 사람 한 사람과 눈을 맞추는 사람, 바로 그런 사람이 우리 시대에 다시 필요합니다.

김문수는 그 길을 외롭고 힘들어도 묵묵히 걸어온 사람입니다. 그래서 저는, 언젠가 국민도 그 진심을 알아보게 될 것이라 믿습니다.

갈무리하며

김 대표 김 장관에 대한 책을 쓰기 위해 그동안 우리는 현장을 많이 찾았죠. TSMC를 취재하느라 구마모토에도 다녀왔고, 생가가 있는 영천시 임고면에도 여러차례 갔었구요. 또 기업과 자영업자의 어려움을 체감하기 위해 지방에도 여러번 다녀왔습니다. 다들 이번 책을 준비하고, 이제 마무리 하면서 한마디씩 해 보자구요.

강 PD 이번 여정은 제 자신을 돌아보는 계기가 된 귀한 시간이었어요. 김문수 장관이 왜 그렇게 힘들고 어려운 길을 선택했는지 해답을 찾는 마음으로 함께 했습니다.

『문수생각』을 통해 많은 사람들이 김문수 장관의 선택을 이해하고 지지하기를 바랍니다. 청년과 자유 대한민국의 가치를 존중합니다.

천 배우 책을 펴내기 위해 질의와 응답을 진행하면서 인간 김문수에 대해 많은 것을 알게 됐습니다. 지금을 살면서 지도자의 역량이 국민들에게 얼마나 막대한 영향을 미치는지 한번 더 생각하게 됩니다.

제가 젊은 날, 군장교로 10년간 비무장지대에서 근무

할 때 즐겨썼던 말이 '강장 밑에는 약졸이 없다'는 말이었습니다. 부디 많은 독자들이 이 책을 통해서 올바른 지도자를 선택해 우리나라가 부강한 나라로 거듭나기를 바라는 바입니다.

안 작가 정치와 정치가를 거부하는 딴딴한 마음으로 첫 목적지를 찾았던 시간이 떠오릅니다. 지도자는 주변인에 의해 만들어지는 거라 생각했기에 그들의 지난한 삶을 신뢰하지 않았고, 무관심으로 일관했지요. 어쩌면 마음 한 구석, 대한민국을 떠날 날을 손꼽으며 하루하루 견뎠는지도 모릅니다.

두 달여 지방 곳곳을 찾고 다양한 이들을 만나면서 우리나라에, 국민이 필요로하는 지도자가 정말 있을까? 그게 누굴까? 많이 고민했습니다. 최소한, 국민 모두가 마음으로 인정하는 범죄자에게 이 나라를 통째 밀어넣을 수는 없으니까요.

정답은 아닐지언정 제가 찾은 답은 바로 '사람, 김문수'입니다. 누가 비난하던 자신의 신념을 오롯이 지키면서 약자를 배려한 사람 돈 그러모을 수차례의 기회를 버리고 청렴한 생활을 고집한 남편을 존경한 사람 이 두 사람이라면, 100% 믿고 힘 닿는 데까지 응원하고픈 마음이 솟구쳤습니다.

현장에서 뛸 자격도 능력도 없기에 대한민국 귀퉁이에

서 더 나은 세상을 위한 눈이 되고 발이 되어 조용히 힘 싣 겠습니다!

김 대표 그동안 책을 쓰기 위해 전국을 돌면서 김문수 장관과 관련된 곳을 많이 찾았습니다. 그러면서 힘든 대한민국을 누가 이끌어야 하는가 고민하면서 이야기하는 시간이 무척 좋았습니다.

김문수 장관이 '내 아내가 빵집을 하고, 서점도 하면서 또 혼자 아이를 키우고 생활하기 위해 진짜 많이 야위었구나.'라고 한 말을 들으면서 국민의 지도자가 되는 분들은 참으로 어려운 길을 가는구나 느꼈습니다.

말없이 뚜벅뚜벅 가면서 끝없이 생각하고 결단하는 당신에게 대한민국 미래의 꿈이 달려있다 생각하시고 강하면서 부드러운 지도자로 역사에 남기를 고대합니다!

경기도 현직 지사 시절 택시 운전사 자격증을 따기 위해 실제로 시험을 치르던 모습. 김지사는 관용차 뒷자리가 아닌 택시 운전대를 잡고 경기도 구석구석을 누비며 '날 것 그대로의 경기도'를 보기 위해 자격증을 땄다.(2008.12.24)